Midgard
Auf den Spuren der Wikinger
Band 2: Südschweden
Skåne und Blekinge

BoD™
BOOKS on DEMAND

Heiko Fritz

Auf den Spuren der Wikinger

Band 2: Südschweden
Skåne und Blekinge

Ein Reiseführer

Bibliografische Information der Deutschen Nationalbibliothek:
Die Deutsche Nationalbibliothek verzeichnet diese Publikation in der
Deutschen Nationalbibliografie; detaillierte bibliografische Daten sind im
Internet über http://dnb.dnb.de abrufbar.

Illustration: Enoksen, Lars Magnar
Bilder: Fritz, Heiko

Herstellung und Verlag: BoD – Books on Demand, Norderstedt

ISBN: 978-3-7448-2155-1

Inhalt

Band 2 - Südschweden - Skåne/Blekinge

Vorwort

Wer kennt es nicht, das Problem in ein fremdes Land zu fahren, weil die Geschichte von großem Interesse ist. Dann steht man also irgendwann am Ziel seiner Träume und dann? Wohin?

Sicherlich erging es nicht nur mir als Autor so sondern auch den meisten anderen geschichtsbegeisterten Wikingerfans. Da steht man in Südschweden. Vor sich das weite berühmte Land der Wikinger, doch was man sieht sind normale Städte und Dörfer.

Wo aber sind die vielen Funde aus der Wikingerzeit? Wohin soll die Reise gehen? Der Großteil der Reiseführer geht auf diese interessante Zeit meistens garnicht ein. Lediglich die größeren Mussen finden Erwähnung. Doch weiß man aus Büchern, Zeitschriften und dem Internet, dass es so viel mehr gibt. Wo aber findet man diese Artefakte?

Dieser Reiseführer soll genau diese Plätze zeigen und den Interessierten dorthin bringen. Jahrelanges Erkunden Schwedens und endlos wirkendes Suchen haben dazu geführt, dass dieser Reiseführer geschrieben wurde.

Dieses Buch führt Sie durch den südlichsten Zipfel von Schweden, nach Skåne und Blekinge. Historisch gesehen war dieser Part des heutigen Schweden in der Wikingerzeit ein Teil des Dänischen Wikingerreiches, also das Reich von Harald Blauzahn, Sven Gabelbart und Gorm des Alten.

Ich habe für Sie eine komplette Rundreise ausgearbeitet, beginnend in Trelleborg und endend in Trelleborg.

Für jede Station wurde eine ausführliche Wegbeschreibung angefertigt und natürlich werden auch die entsprechenden Informationen dazu gegeben.

Auch gebe ich, wenn möglich, die RAÄ-Nummer der Objekte an.

Damit ist es für Sie jederzeit möglich in der Datenbank FMIS Kartenmaterial herunterzuladen, auszudrucken und als "Findehilfe" mit auf Reise zu nehmen. In Kombination mit den Wegbeschreibungen sollte der Entdeckung unserer Objekte nichts mehr im Weg stehen. Dieses Kartenmaterial ist sehr gut ausgearbeitet und informativ. Aus diesem Grund verzichten wir in diesem Buch auf ausführliches Kartenmaterial!

Der Link zur Datenbank FMIS ist folgender: **http://www.fmis.raa.se/cocoon/fornsok/search.html**

Dort brauchen Sie die RAÄ-Nummer einfach nur eintragen und gelangen sofort zu den benötigten Kartenmaterial!

Selbstverständlich ist es möglich an jedem beliebigen Punkt der Gesamtroute einzusteigen oder auch nur einen Teil der Route zu bereisen.

Sicherlich konnte ich nicht alle Objekte der Wikingerzeit in Skåne und Blekinge hier aufnehmen. Aber ich denke, dass in diesem Reiseführer die wichtigsten und schönsten wikingerzeitlichen Objekte aufgeführt und erläutert sind.

Ich wünsche Ihnen viel Spaß mit diesem Buch und viele erholsame und interessante Tage auf den "Spuren der Wikinger durch Schweden"!

Richtenberg im Jahre 2017

1 Skåne - Teil 1

In Skåne sind über 60 Runensteine bekannt. Davon sind leider schon sehr viele verschwunden. Man kann diese nurnoch auf älteren Abbildungen sehen. Vergleicht man diese Anzahl mit der Anzahl der bekannten Runensteine im runensteinreichen Uppland, sind 60 Runensteine relativ wenig. Mit der Gesamtzahl der Runensteine Dänemarks verglichen gehört Skåne allerdings zu den Gebieten mit der höchsten Runensteindichte.

Skåne ist ausserdem reich an Gräberfeldern und anderen Frühmittelalterlichen Fundplätzen. Wobei allerdings die Runensteine die meines Erachtens beeindruckendsten und aussagekräftigsten Zeugen der Wikingerzeit.

1.1 Skånes Südküste

1.1.1 Die Trelleborg in Trelleborg

Wegbeschreibung:
Vom Fährgelände kommend an der Ampel rechts in **Richtung Ystad** abbiegen auf die **Straße 9**. Strassenverlauf folgen bis auf der rechten Seite ein **Schild „VIKINGABORG"** mit Pfeil nach links folgt. Dort abbiegen in die **Östersjögatan**. An der nächsten Kreuzung rechts abbiegen in die **Västergatan**. Kurz danach gleich wieder links in die **Västra Vallgatan** abbiegen. Nach ca. **100 m** ist **rechts** die Auffahrt zum **Parkplatz der Wikingerburg** bzw. dem Museum. Dort parken und im Museumsshop melden. Dort gibt es die Tickets.

Die Trelleborg in Schweden – Eine 1000 Jahre alte, dänische Ringburg

Denk Dir einen mit Ruhe und Leben erfüllten Ort. Gefüllt mit Damals und Heute. Ein Zeitfenster zu einem Ort, den die Geschichte nie verlassen hat.

Stell Dir einen Ort vor, an dem der Topf über dem offenen Feuer hängt und köchelt, die gedämpften Stimmen und das Lachen von Vikingerfrauen beim und Fachsimpeln über Handarbeiten. Das klingen von Stahl auf Stahl, als die Krieger sich in der Streitkunst mit Danäxten, Ger und Schwertern üben. Ein Pfeil, der mit einem gedämften Laut in eine harte Zielscheibe aus Stroh schlägt, als er sein Ziel trifft.

Vikingaborgen Trelleborg - Wall mit Palisade

Denk Dir jetzt noch ein Langhaus aus harter, gediegener Eiche, ein Grophus (ein Haus, das aus einer in der Erde gegrabener Grube mit einem Dach darüber besteht und als Werkstatt, Webstube, im Sommer als Gästehaus oder auch Stall benutzt wurde) und eine Schmiede, da der Hammer des Schmieds auf dem Amboss klingt. Vikingkinder, die barfüssig in dem weichen, duftendem Gras spielen, unter den hohen Eichenpalisaden, satt von gutem Flachbrot mit Honig. Alles das, vermischt mit dem friedlichen quaken der Frösche in dem Bächlein, das sachte vorbeifliesst.

Vikingaborgen Trelleborg - Langhaus

Stell Dir jetzt vor, dass Du Heute und Jetzt dahinreisen könntest... Ganze 1000 Jahre zurück in die Wikingerzeit. In die Ära des dänischen König Harald Blåtand (Blauzahn) und die Zeit seiner vielen Ringburgen. Das kannst Du !

Und jetzt kannst du aufhören Dir das alles vorzustellen und einfach herkommen und alles echt selbst erleben! In der Trelleborg in Trelleborg ,Schweden.

Unsere Öffnungszeiten sind :
Sommersaison Juni-September
Sonnabend – Donnerstag 11.00 - 16.00 Uhr

Wintersaisong September-Juni
Montag – Donnerstag 10.00 – 16.00 Uhr

Eintritt 40 SEK
Kinder unter 15 Jahren Gratis in Begleitung von Erwachsenen

(Mit Ausnahmen für ev. Änderung.)

Zur Historie der Trelleborg:

Als die alte Zuckerraffinaderie 1989 abgerissen wurde um Wohnhäuser auf dem Grundstück zu errichten, wurden erst archeologische Grabungen vorgenommen, da man schon lange Vermutungen hatte, das da vielleicht irgendwo eine Burg aus dem Mittelalter liegen könnte.

Es sollte sich aber zeigen, das die Vermutungen bei weitem übertroffen wurden ! Es war nicht einfach eine Burg aus dem Mittelalter. Die Burg die man fand, war mehrere Jahrhunderte älter als je gedacht.

Die Altersbestimmung damals zeigte, das auf diesem Platz eine Ringburg aus dem Jahre 980 gelegen hatte...Also eine Wikingerburg. Gebaut im gleichen Stil wie die dänischen Ringburgen, die auch in Dänemark in zB. Aggersborg, Fyrkat, Slagelse und Nonnebakken gefunden wurden.

Man hat festgestellt, dass alle diese Burgen, inklusive unserer, dem dänischen König Harald Gormsson gehört hatten, er war mehr bekannt unter dem Namen Harald Blåtand (Blauzahn) und regierte zwischen ca anno 940 – ca 986 .

Die Ausgrabungen bewiesen auch, dass auf diesem Platz eine noch
ältere, vermutlich einfachere Erdwallburg lag, vermutlich aus der Zeit
um 950 , die also auch um anno 980 befestigt und ausgebaut wurde mit
den zeittypischen Holztrellen, d.h. schräggestellte kräftige
Eichenstöcke. Daher der Name Trelleburg.

Alle diese Burgen hatten ein aktive Periode von ca 20 Jahren, dann
wurden sie sich selbst überlassen.

Vikingaborgen Trelleborg - Grubenhaus

Wofür sie benutzt und warum sie verlassen wurden ist nicht genau
bekannt. Es gibt aber viele Theorien, eine ist, das sie Zoll und
Handelsstationen waren um Handel und die Sicherheit der Zölle zu
gewährleisten, eine andere auch, dass sie Bollwerke gegen Angreifer
von Süden waren.

15

In den 1990igern rekonstruierte man ein Viertel der Ringborg in Trelleborg auf ihrem ursprünglichem Platz. Das macht unsere Borg zu etwas einzigartigen in der Welt...Die einzige Trelleborg , die mitten in einer Stadt auf ihrem Originalschauplatz steht.

Später errichtete man auch das aus dem Mittelalter stammende Haus (1300/1400 Jhd) auf seinem Originalplatz und baute noch ein Wikinger-Langhaus und Grubenhäuser mit Garten und Hofplatz, allerdings ausserhalb der Ringburg aus Platzmangel. Auf dem grossen Platz wachsen zeittypische Kräuter und Pflanzen, es gibt hier seltene Frösche, auch Vögel und Fische im Bach und natürlich auch den einen und anderen Troll und Tomte ...

Im Museumsgebäude sind Funde von den Ausgrabungen und der näheren Umgebung ausstellt und auch über die Trelleborg wird näher informiert.

Vikingaborgen Trelleborg - Tor

Gruppen können Führungen buchen in deutsch, englisch und dänisch.

In dem gemütlichen Kaffe kann man einen leichten Imbiss und die Aussicht über die 146 m lange Eichenpalissade mit Westtor geniessen

Bevölkert wird das ganze oft von Wikingerndarstellern in zeittypischer Kleidung. Männer, Frauen und Kinder, die sich Kleiden und Leben wie vor über 1000 Jahren.

Die Trelleborg veranstaltet jedes Jahr im Monatswechsel Juni/Juli einen Markt. 3 Tage lang leben , arbeiten, essen, spielen, kämpfen, kaufen, verkaufen und schlafen Wikinger aus allen Ecken der Welt auf dem Gelände. Die Zuschauer sind herzlich eingeladen zuzuschauen und teilzunehmen am Handel und Wandel wie in der Wikingerzeit. Die Trelleborg wird zu einer Wikingerstadt bestehend aus zeittypischen Zelten mit Teilnehmern, die gern ihr Wissen an Besucher vermitteln, eine lebendige Geschichtsstunde mit hochwertigem Handwerk.

Im Laufe des Jahres werden auch verschiedene Aktivitäten angeboten, wie Midwinterfest, Wesenwanderung im Herbst, sommerliche Ferienspiele mit Übernachtungen für Kinder, Ostarafest, Wikingerspiele wie Arschhaken und Stangenstossen, man kann Bänder schlingen, Bogenschiessen oder Fladenbrot über offenem Feuer backen...Wikingersagen hören, Stoffe oder Wolle mit Pflanzen färben und und und...

Für mehr Information und Buchungen von Fürungen kontaktieren Sie Bitte :
trelleborgen@trelleborg.se
Besuchsadresse:
Västra Vallgatan 6
231 64 Trelleborg, Schweden
+46 (0)410- 73 30 21

Bitte beachten: Bei speziellen Veranstaltungen kann es Änderungen bei den Öffnungszeiten und Eintrittsbeträgen geben.

Ein warmes "välkomna till denna historiska plats mitt i nutiden!"

Välkomna till Vikingaborgen TRELLEBORGEN!

Text av: Kiin Ekelin Wick/ Anette Hegelund
Übersetzung aus dem schwedischen :Anette Hegelund

Vikingaborgen Trelleborg - Tor Innen

1.1.2 Källstorp-Stenen – Runenstein von Källstorp DR269

Wegbeschreibung:
Von Trelleborg in **Richtung Ysta**d auf der Straße 9 fahren, vorbei an Smygehuk, dem südlichsten Punkt von Schweden. Hier kann man eine kleinen Zwischenstop machen und die Fischräucherei besuchen. Von dort geht es weiter bis nach **Beddingestrand**. Dort abbiegen nach **Källstorp**. An der nächsten **Kreuzung links** halten nach Källstorp. In Källstorp **an der Kirche rechts** abbiegen Richtung **Skurup**. Bei **Jordberga rechts** abbiegen in Richtung **Jordberga Slott** (Schloß). Am Schlosspark stehen rechts **zwei große weisse Säulen** bei einer Einfahrt. Dort das Auto stehen lassen. In der Nähe sind ein paar Agrarwirtschaftliche Gebäude. Dem **linken Weg** folgen bis zu einer roten Mauer. Links vom Weg steht der verwitterte Stein auf einem Sockel.

DR269 - Runenstein von Källstorp

19

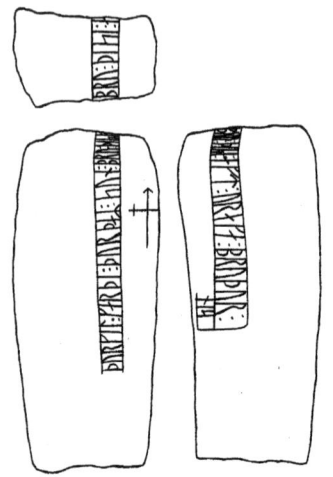

Die Inschrift des Steines lautet
÷ þurkil ÷ karþi ÷ þurþaR ÷ sun
bru ÷ þisi ÷ aft ÷ uraka ÷ bruþur ÷
sin

Sinngemäß übersetzt bedeutet das:
"Torkel, Sohn von Tord, machte
diese Brücke für Vrake, seinen
Bruder."

DR269 -Runenstein von Källstorp-Grafik
(Quelle: Enoksen: "Skånska Runstenar")

Der Källstorp-Stenen (früher Jordberga-Stenen genannt) wurde im Jahr 1800 in einer Steinmauer beim Herrenhaus von Jordberga gefunden.

Er wurde später in der Scheune gelagert und im Jahr 1870 im Park des Herrenhauses auf seinem jetzigen Platz gestellt. Der Stein wurde auf die Seite gelegt und festgemauert.

Der Runenstein ist der Einzige in Skåne, auf welchem ein Brückenbau erwähnt wird, welcher die Zeit im Fegefeuer für die neu getauften Nordländer beim Übergang zum Christentum verkürzen sollte. Brückenbau konnte entweder eine Brücke über einen Bach oder ein glatter Weg über einen sandigen Boden sein. Durch einen Brückenbau profitieren sowohl die Lebenden als auch die Toten, so das praktische Denken der Wikingerzeit.

Runenstein in der Datenbank FMIS (RAÄ-Nummer): Källstorp 2:1

1.1.3 Tullstorp Stenen – Runenstein von Tullstorp DR271

Wegbeschreibung:
Von Jordberga weiter Richtung **Skurup**. An der Kreuzung zu **Straße 101** rechts abbiegen in Richtung **Skivarp** bzw. **Ystad**. Nach ca. **4-5 km** an der Kreuzung **rechts** abbiegen nach **Tullstorp** bzw **Beddingestrand**. Nach ca. 1 km erreicht man **Tullstorp**. Strassenverlauf folgen bis zur **Kirche**. Der Runenstein befindet sich auf einem kleinen Hügel rechts hinter der Kirche auf dem Friedhof (Minneslund).

DR271- Runenstein von Tullstorp

21

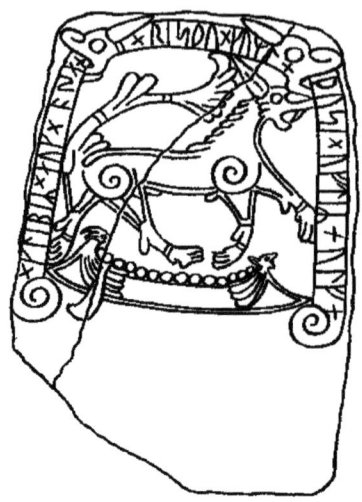

Die Inschrift des Tullstorps-Steins lautet:
klibiR • auk • ãsa • | • risþu • kuml • | þusi • uftiR • ulf •

Sinngemäß übersetzt bedeutet das:
"Klibbe und Åsa errichteten dieses Denkmal für Ulf"

DR271 -Runenstein von Tullstorp-Grafik
(Quelle: Enoksen: "Skånska Runstenar")

Einer der schönsten Runensteine Südschwedens ist der Stein von Tullstorp. Er beinhaltet nicht nur einen Runenspruch, sondern auch ein schönes Bildmotiv. Er wurde auf das Jahr 1000 n.Chr. datiert und war bei seinem Auffinden im Jahre 1627 in der Kirche eingemauert.Als die alte Kirche wegen einem Neubau abgerissen wurde, mauerte man ihn in die Mauer des Kirchengrundes und später dann auf seinen jetzigen Platz auf dem Hügel am Minneslund gestellt.

Neben dem Runenband enthält der Stein noch eine Abbildung eines Fabelwesens, dem „Großen Tier". Diese Figur kennt man von vielen Steinen in ganz Skandinavien (z.B. Jelling in Dänemark oder Harg in Schweden/Uppland). Die Deutung dieser Wesen reicht von Drachen, Löwe, Greif, Wolf bis zum Hirsch.

Eine Deutung u.a. von *Lars Magnar Enoksen* und vielen Historikern als Wolf liegt allerdings nahe, da in der Runeninschrift der Name ULF erwähnt wird, für den dieser Stein geschaffen wurde. Der Name ULF stammt von ULV ab, was gleich bedeutend mit VARG ist. Varg ist das schwedische Wort für Wolf.

Das Tier könnte auch den Fenriswolf *(schwedisch: Fenrisulven)* darstellen, der sich zu Ragnarök losreisst und Odin verschlingt. Dafür würde auch das Schiff unter dem Tier sprechen. Mit seinen Drachenköpfen und den Schilden könnte es sich hierbei um Naglfar, dem Totenschiff von Hel, der Totengöttin handeln.

Wären an dem Schiff nicht vorne und hinten die Rammdorne.

Damit kommen wir zu einer anderen Theorie, welche mir Sven Rosborn in einem Gespräch mitteilte.

Das Tier ist ein Löwe und das Schiff stellt ein Kriegsschiff des Byzantinischen Kaisers dar. Das würde insofern stimmig sein. Die byzantinischen Schiffe hatten Rammdorne und Löwen waren in Byzanz auch bekannt. Und für die Wikinger um 1000 n.Chr. war es sehr erstrebenswert, in der Leibgarde des byzantinischen Kaisers, der Warägergarde, zu dienen.

Es wäre also möglich, dass dieser Ulf in jener Warägergarde diente und deshalb diese Motive auf dem Runenstein zu seinem Gedenken geritzt wurden.

Fakt ist, dass diese Schiffe mit Rammdorn auf einigen Steinen in Dänemark und Schweden zu finden sind *(z.B. Bösarp-DR258 und Ledberg-ÖG181).*

Runenstein in der Datenbank FMIS (RAÄ-Nummer): Tullstorp 1:1

1.1.4 Östra Vemmenhögstenen – Runenstein von Östra Vemmenhög DR268

Wegbeschreibung:
Von Tullstorp wieder zurück auf die **Straße 101** in Richtung **Skivarp** / **Ystad**. Nach ca. 3 - 4 km folgt eine Abfahrt (links) nach Östra Vemmenhög. Diese Abfahrt **NICHT** nehmen. Weiter Richtung **Skivarp**. Nach ca. **300 m** folgt eine weitere Abfahrt nach **links**, ebenfalls **Östra Vemmenhög**. Gleich hinter der Abfahrt ist auf der **rechten Seite** eine alte Brücke, welche mit dem **Sehenswürdigkeits-Zeichen** ausgeschildert ist. **Gegenüber** steht der Runenstein direkt am Straßenrand gut sichtbar.

DR268- Runenstein von Östra Vemmenhög

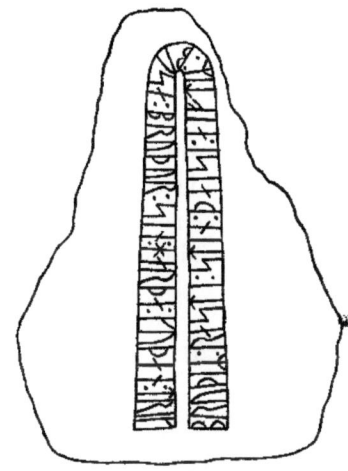

Die Inschrift lautet:
bruþiR • rasþi • stin • þaisi • aiftiR • busa • bruþur • sin • harþa • kuþan • trik

Sinngemäß übersetzt bedeutet das:
"Broder errichtete diesen Stein für Bosse, seinen Bruder, einen sehr guten Kämpfer"

DR268 -Runenstein von Östra Vemmenhög-Grafik
(Quelle: Enoksen: "Skånska Runstenar")

Der Runenstein wurde früher auch Dybäck-Stein genannt. Er steht immernoch auf seinem ursprünglichen Fundplatz. Der Stein ist einer der am längsten in der Literatur bekannten und beschriebenen Runensteine. Er wurde schon im Jahr 1591 in einem Buch erwähnt. Im Jahr 1598 wurde er untersucht und seine Erschaffung auf um 600 n.Chr. festgelegt.

Um diesen Stein rankt sich eine Sage. Zwei Kämpfer warben um eine hübsche Jungfrau aus Dybäck. Aber da das Mädchen sich nicht entscheiden konnte, entschlossen sich die Kämpfer den Streit mit einem Zweikampf (Holmgang) zu entscheiden. Der Kampf endete fatal mit dem Tod beider Kämpfer. Der eine Kämpfer ruht in einem Grabhügel bei der Östra Vemmenhögs Kirche genannt „Väpnamannahög". Der Andere schwer verletzte Krieger ging noch bis nach Dybäck wo er an der Herremansbrücke starb. Die Jungfrau lies für die jeweiligen Freier den Grabhügel und den Runenstein errichten. Leider verrät die Runeninschrift, dass es wirklich nur eine Sage ist.

Runenstein in der Datenbank FMIS (RAÄ-Nummer): Östra Vemmenhög 3:1

25

1.1.5 Västra Nöbbelöv-Stenen – Runenstein von Västra Nöbbelev DR278

Wegbeschreibung:
Auf der **Straße 101** weiter bis nach **Skivarp** fahren. Am **Ortsausgang** von Skivarp von der Straße 101 **links** abbiegen auf den **Snårestadsvägen**. Nach ca. 5 km **rechts** abbiegen nach **Västra Nöbbelöv**. Der Runenstein steht gut sichtbar am südlichen Eingang zum Kirchgarten bei der Kirche.

DR278- Runenstein von Västra Nöbbelöv

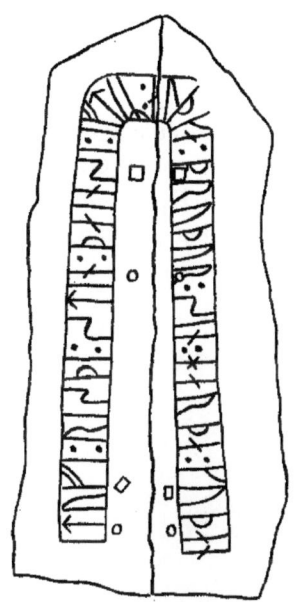

Die Inschrift lautet:
tuki • risþi • stin • þainsi • iftiR • auþka • bruþur • sin • harþa • kuþan

Sinngemäß übersetzt bedeutet das:
"Toke errichtete diesen Stein für Ödge, seinen Bruder, sehr gut."

DR278 -Runenstein von Västra-Nöbbelöv-Grafik
(Quelle: Enoksen: "Skånska Runstenar")

Der Runenstein war bei seinem Auffinden der Länge nach in 2 Teile zerschlagen und wurde als Torpfosten in Nöbbelövs Pfarrhaus verwendet. Schon im Jahre 1745 war der Stein zerschlagen. Jetzt findet man den Stein zusammengefügt und aufgestellt bei der Kirche.

Runenstein in der Datenbank FMIS (RAÄ-Nummer): Västra Nöbbelöv 2:1

1.1.6 Sjörup-Stenen – Runenstein von Sjörup DR279

Wegbeschreibung:
Von Västra Nöbbelöv wieder zurück auf den **Snårestadsvägen**. Dort rechts abbiegen. Nach ca. **1,5 km ist rechts** schon von Weitem die **Kirche von Sjörup** (Sjörups Gamla Kyrka) zu sehen. **Rechts** abbiegen zur Kirche. Der Runenstein steht direkt neben dem Eingang zum Kirchgarten an der Kirchgartenmauer.

DR279 - Runenstein von Sjörup

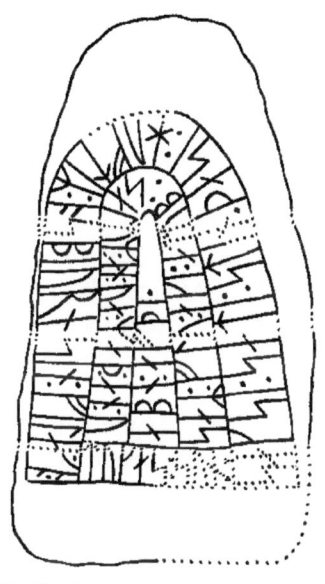

Die Inschrift lautet:
[sa]ksi • sati • sti[n] • þasi • huftiR
• ã[s]biurn • sin • filagã (•) |
tu(k)as [• sun •] | saR • flu • aki •
a(t) • ub • sa(l)[u]m • an • ua •
maþ • an • u | abn • a(f)þi •

Sinngemäß übersetzt bedeutet das:
"Saxe setzte diesen Stein für Asbjörn, seinen Kameraden, Tokes Sohn. Er floh nicht von Uppsala, aber (er) kämpfte so lange er Waffen hatte."

DR279-Runenstein von Sjörup-Grafik
(Quelle: Enoksen: "Skånska Runstenar")

Der Runenstein ist seit dem Jahr 1620 bekannt. Damals war er auf einem kleinen Hügel errichtet. Um 1800 wurde der Stein in 6 Teile gesprengt um diese als Baumaterial für eine Brücke über den Skivarpfluß zu verwenden. Im Jahr 1876 wurden 5 Teile des Steines in der Wölbung unter der Brücke entdeckt. 1990 entnahm man 4 der Runenstein-Teile aus der Brücke, setzte sie zusammen und stellte sie bei den Kirche von Sjörup auf. Somit ist der Sjörup-Stein in seinem jetzigen Zustand nicht komplett, wurde aber nach alten Bildern rekonstruiert.

Der Stein wurde errichtet zum Gedenken an einen gefallenen Krieger. Sein Name war Asbjörn, Sohn von Toke Gormsson (siehe Hällestad-Stein 1). Der Sjörup-Stein und der Hällestad-Stein 1 (DR295) sind von der gleichen Art, welche mit der selben Phrase „er floh nicht bei Uppsala" endet.

Auch die Hällstad-Steine 2 & 3 stehen mit dieser Handlung in Verbindung. Seit dem 18. Jahrhundert verbindet man diese Runensteine mit der sagenumwobenen Schlacht von Fyrisvallarna.

Gemäß mehreren literarischen Quellen kämpfte der schwedische König Erik und sein Verwandter, der Wikinger-Häuptling Styrbjörn der Starke, in einer Schlacht bei Gamla-Uppsala im Jahre 980. Styrbjörn war früher aus Eriks Land vertrieben worden. Aber er kam aus der Verbannung zurück mit einer großen Menge dänischer Wikinger um Rache zu nehmen und die Königskrone zu erobern. Als Erik Styrbjörn mit seinem großen Heer landen sah, begann er zu zweifeln, ob seine Männer den Feind besiegen könnten. In der darauf folgenden Nacht soll Erik zum Tempel des Odin gegangen sein. Er versprach sich selbst dem Odin wenn er Styrbjörn besiegen würde. Auch würden alle gefallenen Krieger zu Odin kommen. Am Tag danach soll Odin Styrbjörn mit Blindheit geschlagen haben. Die meisten der Krieger flohen. Nach diesem Vorfall bekam Erik den Beinamen „Der Siegreiche" also „Segersäll".

Diese Saga ist sehr interessant, da sie in Gamla Uppsala handelt. Adam von Bremen erwähnte in seiner Kirchenhistorie schon im Jahre 1070 den Uppsala-Tempel als den größten heidnischen Opferplatz im ganzen Norden. Es kann also ein „Fünkchen" Wahrheit in dieser Sage liegen.

Man kann also davon ausgehen, dass Toke Gormsons Männer, die die Runensteine errichteten, auch auf Styrbjörns Seite gekämpft haben. Es ist natürlich nicht sicher, dass es die Schlacht von Fyrisvallarna ist, die auf dem Sjörup-Stein und Hällestad-Steinen erwähnt wird. Fakt ist aber, dass es um eine Schlacht bei Uppsala ging. Die Errichter der Runensteine waren stolze Krieger und gehörten wohl zu Toke Gormsons engsten Vertrauten.

Der Runenmeister ritzte in den Stein, dass Asbjörn „kämpfte so lange er Waffen hatte". Das heisst, er starb in der Schlacht.

Das Wort „felaga" bedeutet „Kamerad" und ist ein wikingerzeitlicher Begriff für „Schlachtbruderschaft" die ein starkes Freundschaftsband schuf.

Die Inschrift ist also sehr interessant und etwas besonderes.

Runenstein in der Datenbank FMIS (RAÄ-Nummer): Sjörup 3:2

1.1.7 Solberga-Stenen – Runenstein von Solberga DR275

Wegbeschreibung:
Von Sjörup wieder zurück nach **Skivarp** fahren. In Skivarp **rechts** abbiegen nach **Skurup**. Nach ca. 4 km abbiegen nach **Törsjö Gård**. Der Stein steht auf einer Rasenfläche direkt vorm Herrenhaus.

DR275 - Runenstein von Solberga

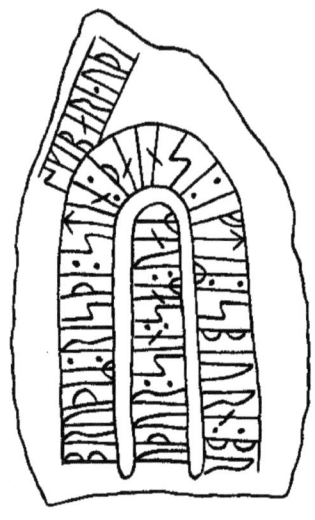

Die Inschrift lautet:
bruþiR • risþi • stin • þainsi • iftiR • isbiurn • br | uþur • sin • saR • uaR | skibari • uþ?...

Sinngemäß übersetzt bedeutet das: **"Broder setzte diesen Stein für Isbjörn (o. Esbern), seinem Bruder, er war Kapitän"**

DR275-Runenstein von Solberga-Grafik
(Quelle: Enoksen: "Skånska Runstenar")

Der Solberga-Stein wurde 1716 das erste mal bildlich dargestellt. Danach verschwand er und wurde im 18. Jahrhundert beim Herrenhaus von Torsjö wiederentdeckt und vom Eigentümer des Herrenhauses in seinem Park aufstellen lassen. Heute steht der Stein vor der Front des Hauptgebäudes. Er gehört zu den skånischen Runensteinen, die von der wikingischen Schifffahrtskunst berichten.

Der Schiffbau bei den Nordmännern war legendär und auf höchstem Niveau. Sie waren gute Seeleute und sehr bewandert in der Navigation. So verwundert es nicht, dass der Solberga-Stein zum Gedenken an einen Kapitän geschaffen wurde.

Runenstein in der Datenbank FMIS (RAÄ-Nummer): Solberga 2:1

1.1.8 Örsjö-Stenen – Runenstein von Örsjö DR276

Wegbeschreibung:
Von Törsjö Gård auf der Straße nach **Skurup** weiter. Dann **rechts** abbiegen nach **Solberga/Örsjö**. An der nächsten Kreuzung **links** abbiegen Richtung **Örsjö** bzw. **Rydsgård**. Dem Straßenverlauf folgen bis zur **Kirche von Örsjö**. Auf dem Kirchengrund **links** an der Mauer entlang gehen. Der Stein steht nordöstlich der Kirche direkt an der Mauer zwischen den Bäumen bei einem Schild.

DR276 - Runenstein von Örsjö

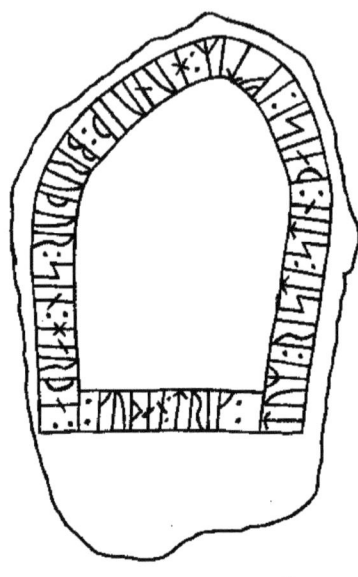

Die Inschrift lautet:
tumi • risþi • stin • þaisi • iftiR • hunuiþ • bruþur • sin • harþa • | kuþan • trik •

Sinngemäß übersetzt bedeutet das:
"Tumme errichtete diesen Stein für Hunved, seinem Bruder, einem sehr guten Kämpfer"

DR276-Runenstein von Örsjö-Grafik
(Quelle: Enoksen: "Skånska Runstenar")

Der Örsjö-Stein ist seit dem 17. Jahrhundert bekannt. Im 18. Jahrhundert wurde er als Treppenstufe im Örsjögagården verwendet. Seit 1876 steht er nun am Rande des Örsjögården an der Mauer zum Kirchengrund. Er wurde für einen Kämpfer (dræng) errichtet.

Runenstein in der Datenbank FMIS (RAÄ-Nummer): Örsjö 6:1

1.1.9 Södra Villi-Stenen – Runenstein von Södra Villi DR277

Wegbeschreibung:
Von Örsjö weiter nach **Rydsgård** fahren bis **zur Bundesstraße E65.**
Die E65 kreuzen und weiter durch **Villi** fahren. Straßenverlauf folgen
bis zum **Schloß von Rydsgård.** Der Straße folgen, am Schloß vorbei.
Nach ca. **0,6 km links** auf den ausgeschilderten Parkplatz fahren.
Dort dem Wanderweg Richtung See folgen. Der Stein steht direkt am
See gegenüber vom Schloss!

DR277 - Runenstein von Södra Villi

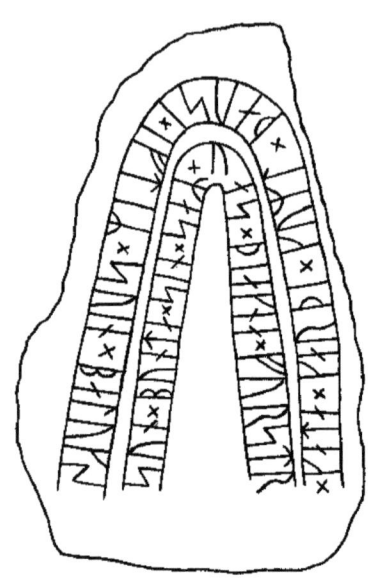

Die Inschrift lautet:
• **kata** • **karþi** • **kuml** • **þausi** •
iftiR • **suin** • **baluks** | **sun** •
bunta • **sin** • **saR** • **uas** • **þiakna**
• **furstr**

Sinngemäß übersetzt bedeutet das:
"**Kåta machte diesen Gedenkstein für Sven, Ballöges Sohn, ihrem Mann. Er war der erste der Thegn**"

DR277-Runenstein von Södra Villi-Grafik
(Quelle: Enoksen: "Skånska Runstenar")

Der Södra Villi Stein wurde früher „Rydsgård-Stenen genannt. Er wurde im 18. Jahrhundert er vom Rydsgård Herrenhaus in Södra Villi zum Schloß gebracht. Seit 1875 steht er im Schlosspark.

Dieser Runenstein wurde von einer Frau für ihren Mann errichtet. Er gehörte zu der vornehmen Gesellschaftsklasse., den sogenannten Thegn. Was genau ein „Thegn" war, ist leider nicht überliefert. Es war aber definitiv ein Titel für die obere Bevölkerungsschicht.

Runenstein in der Datenbank FMIS (RAÄ-Nummer): Villie 4:1

1.1.10 Skårby-Stenen 2 – Runenstein von Skårby 2 DR281

Wegbeschreibung:
Vom Schloß wieder zurück zur **E65**. Dort Richtung **Ystad** fahren. Nach ca. **10 km links** abbiegen nach **Skårby**. Bis zur **Kirche** von Skårby fahren. Der Stein steht nördöstlich der Kirche genau an der Mauer vom Kirchengrund.

DR281 - Runenstein von Skårby

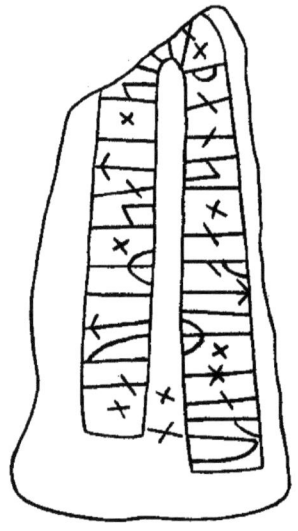

Die Inschrift lautet:
• **autiR** • **sati** • **s(tai)n** • **þansi** • **aftiR** • **haku|n** •

Sinngemäß übersetzt bedeutet das:
"Aute setzte diesen Stein für Håkon."

DR281-Runenstein von Skårby-Grafik
(Quelle: Enoksen: "Skånska Runstenar")

Dieser Runenstein wurde Ende 16. Jahrhundert in der nördlichen Kirchgrundmauer der Skårby Kirche entdeckt. 1909 wurde er aus der Kirchengrundmauer entfernt und an einem besser zugänglichen Platz in der Nähe aufgestellt. Dort steht er bis Heute in der Mauer.

Runenstein in der Datenbank FMIS (RAÄ-Nummer): Skårby 4:1

1.1.11 Bjäresjö-Stenen 1 – Runenstein von Bjäresjö 1 DR287

Wegbeschreibung:
Von Skårby auf dem **Gamla Lundavägen** in Richtung **Ystad** fahren bis nach **Bjäresjö**. Die **Kirche** von Bjäresjö befindet sich rechts von der Straße. Der Runenstein befindet sich auf dem Kirchengrund auf der westlichen Seite in der Nähe des Glockenturms.

DR287 - Runenstein von Bjäresjö 1

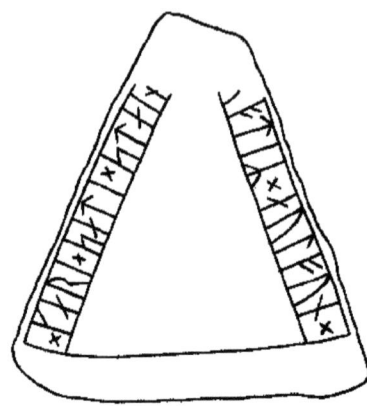

Die Inschrift lautet:
- **kari • sati • stain [5-6 Runen fehlen] uftiR • aulfun •**

Sinngemäß übersetzt bedeutet das:
"Kåre setzte .... (diesen?) Stein für Ölvrun."

DR287-Runenstein von Bjäresjö 1- Grafik
(Quelle: Enoksen: "Skånska Runstenar")

Der Runenstein 1 von Bjäresjö ist seit dem 16. Jahrhundert bekannt. Er wurde in der östlichen Kirchgartenmauer gefunden, wo er bis Heute steht. Schon im Jahr 1627, als der Stein untersucht wurde, fehlte die Spitze des Steins.

Runenstein in der Datenbank FMIS (RAÄ-Nummer): Skårby 4:1

1.1.12 Bjäresjö-Stenen 3 – Runenstein von Bjäresjö 3 – DR289

Wegbeschreibung:
Von der Kirche in Bjäresjö wieder auf dem **Gamla Lundavägen** in Richtung **Ystad** fahren. Links auf der Bundesstraße **E65** Richtung **Ystad** halten. Nach ca. **600 m links** abbiegen nach **Bergsjöholm**. Der Runenstein steht beim **Schloß** auf der **Rasenfläche** in der Nähe der großen Scheunen.

ACHTUNG!!!
Der Stein befindet sich auf Privatbesitz. Zuerst fragen, ob man den Stein anschauen darf. Im Allgemeinen stellt dies aber kein Problem dar! Hinter dem Herrenhaus befindet sich noch eine sehr interessante mittelalterliche Burgruine!!!

DR289 - Runenstein von Bjäresjö 3

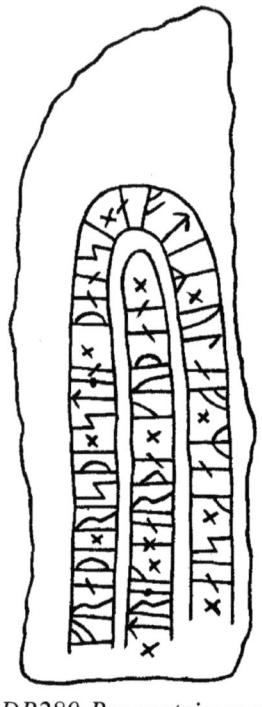

Die Inschrift lautet:
fraþi • risþi • st(e)n • þansi • aftiR • ulaf •
mak • sia • | •trek • harþa • kuþan •

Sinngemäß übersetzt bedeutet das:
**"Frede errichtete diesen Stein für Olav,
seinen Schwiegersohn, (ein) sehr guter
Kämpfer."**

DR289-Runenstein von Bjäresjö 3- Grafik
(Quelle: Enoksen: "Skånska Runstenar")

Dieser Stein wurde im Jahr 1845 beim Herrenhaus von Bergsjöholm
gefunden, weshalb er auch Bergsjöholm-Stenen genannt wird. Er wurde
direkt vor dem Herrenhaus auf einem Hügel aufgestellt und später auf
einem Zementsockel plaziert.

Das besondere an diesem Stein ist, dass der Runenmeister beim Ritzen
die n-Rune und die a-Rune verwechselt hat. Dies ist der am meisten
auftretende Fehler beim Runenritzen.

Runenstein in der Datenbank FMIS (RAÄ-Nummer): Bjäresjö 21:1

1.1.13 Sövestad-Stenen 1 & 2 – Runensteine von Sövestad 1 & 2 – DR290 & DR291

Wegbeschreibung:
Vom Schloß aus auf der **E65** Richtung **Malmö** fahren. Wieder auf den **Gamla Lundavägen** nach **Bjäresjö** rechts abbiegen. An der **Kirche** vorbei an **der nächsten großen Kreuzung** am Ortsausgang **rechts** abbiegen auf die **Krageholms alle**. Dem Straßenverlauf folgen bis zur Kreuzung **Krageholms alle** & **Krageholmsvägen**. Dort **geradeaus** fahren. An der starken **Linkskurve rechts** auf die Zufahrt zum Schloß abbiegen. Dort Auto abstellen und **zu Fuß zum Schloß** gehen. Die beiden Runensteine stehen auf einer Wiese direkt vorm Haupteingang des Schlosses.

DR290-Runenstein von Sövestad 1 *DR291-Runenstein von Sövestad 2*

Dieser Stein enthält keine Runeninschrift, dafür aber eine beeindruckende Bilddarstellung.

DR290-Runenstein von Sövestad 1- Grafik
(Quelle: Enoksen: "Skånska Runstenar")

Der Sövestad-Stenen 1 ist ein reiner Bildstein.
Er wurde 1756 beim Krageholms Herrenhaus gefunden. Man wollte ihn erst sprengen, dann entdeckte man die Abbildung auf der einen Seite des Steines und brachte ihn zum Schloß Krageholm. Dort steht er seitdem im Schlossgarten.

Der Mann auf dem Stein ist offensichtlich ein Priester oder Bischof. Er trägt ein Prozessionskreuz in den Händen und scheint eine Mitra auf den Kopf zu haben. Es ist wahrscheinlich eine der ersten Priesterabbildungen im Norden. Er könnte von der Christianisierung der Nordmänner berichten sollen.

Runenstein in der Datenbank FMIS (RAÄ-Nummer): Sövestad 2:2

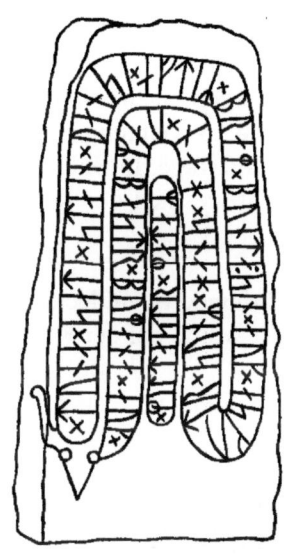

Die Inschrift lautet:
tuna • sati • stain • þansi • aftiR • bram • bunta • sin • auk • askutr • sunR • hans • han • uaR • bastr • bumana • auk • | • miltastr • mataR

Sinngemäß übersetzt bedeutet das:
"Tonna setzte diesen Stein für Bram, ihren Mann, und Asgot, seinen Sohn. Er war der Beste der `bomän` und freigiebig mit Essen."

DR290-Runenstein von Sövestad 2- Grafik
(Quelle: Enoksen: "Skånska Runstenar")

Der Sövestad-Stenen 2 wurde 1757 in einem Hain in der Nähe des Sees vom Krageholm Herrenhaus gefunden. Da er mit der Schriftseite nach unten lag, sollte er zerschlagen und als Baumaterial verwendet werden. Beim Verladen entdeckte man die Runen auf dem Stein. Er wurde am Eingang des Schlosses aufgestellt und kam später an seine jetzige Stelle im Schlossgarten unweit vom Sövestad-Stenen 1.

Der Stein wurde von einer Frau zum Gedenken an ihren Mann errichtet. Bekannt wurde der Runenstein durch die abschliessende Formulierung: *„Er war der Beste der (bomän) und freigiebig mit Essen."* Damit wird auf die uralte skånische Gastfreundlichkeit angespielt. Was genau „bomän" oder „boman" bedeutet, ist strittig.
Besondere Aufmerksamkeit verdient auch der Schlangenkopf mit den großen Augen auf der linken Seite, welcher auf mehreren Runensteinen zu finden ist.

Runenstein in der Datenbank FMIS (RAÄ-Nummer): Sövestad 2:1

1.1.14 Baldringe-Stenen – Runenstein von Baldringe – DR294

Von Krageholms Slott auf dem **Krageholmsvägen** nach **Sövestad** fahren. In Sövestad links abbiegen auf die **Straße 13** Richtung **Sjöbö**. Nach ca. 150-200 m rechts abbiegen Richtung **Baldringe**. In Baldringe rechts abbiegen zur Kirche. Der Runenstein steht westlich der Kirche auf dem Kirchengrund.

Dieser Runenstein wurde am Ende des 16. Jahrhunderts entdeckt. Er befand sich in der Mauer des Kirchengrundes. Er wurde bei der Kirche aufgestellt und steht dort bis heute.
Eine sehr schöne Ornamentik schmückt diesen Stein und lässt ihm Würde und Macht austrahlen.

DR294-Runenstein von Baldringe

Der Stein wurde von einem Sohn zu Gedenken an seinen Vater errichtet, welcher ein „Thegn" und ein Wahrsager war. Die Zukunft zu kennen, war ein Zeichen im Kontakt zu Göttermäächten und den Ahnen zu sein. Es ist nicht sicher, was „thegn" bedeutet. Aber interessant ist, dass auf dem Baldringe-Stein der „Thegn" als Wahrsager bezeichnet wird. Das wiederum lässt vermuten, dass er mit dem heidnischen Kult verbunden war. Es fällt auf, dass sämtlichen skånischen „Thegn-Steinen" der christliche Einschlag fehlt. Aber diese Annahme ist natürlich schwer zu beweisen.

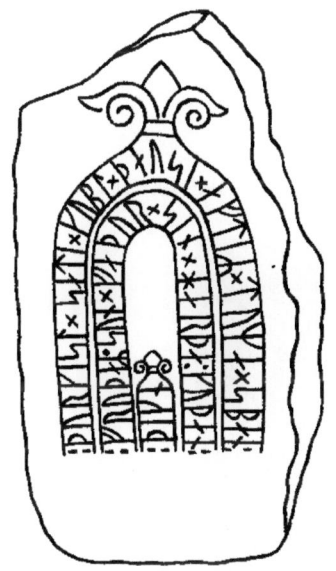

Die Inschrift lautet:
þurkisl • sati • kubl • þausi • aftiR • tuma • sban • | • fruþaR ' sun • faþur • sin • harþa • kuþan • | • þikn

Sinngemäß übersetzt bedeutet das:
"Torgel setzte dieses Gedenken für Tumme Spåman, Fröds Sohn, (ein) sehr guter Thegn."

DR294-Runenstein von Baldringe- Grafik
(Quelle: Enoksen: "Skånska Runstenar")

Runenstein in der Datenbank FMIS (RAÄ-Nummer): Baldringe 2:1

1.1.15 Stora Köpinge-Stenen – Runenstein von Stora Köpinge – DR339

Von Baldringe aus auf der **Straße 13** nach **Ystad** fahren. Im großen Kreisverkehr die dritte Abfahrt nehmen in den **Dag Hammerskölds Väg** Richtung **Simrishamn**. Im nächsten Kreisverkehr auf die **Straße 19** in Richtung **Kristianstad** fahren. In **St. Herrestad** rechts abbiegen nach **Köpingebro**. Kurz vor Köpingebro links abbiegen Richtung **St. Köpinge**. Dort zur **Kirche** fahren. Der Runenstein befindet sich auf dem Kirchengrund der Kirche südöstlich hinter der Kirche.

Der Stein wurde 1627 untersucht. Damals lag er im Boden und wurde als Treppenstein zum Kirchengrund in Stora Köpinge verwendet. Zunächst wurde er mehrere Male auf dem Kirchengrund aufgestellt. Im Jahr 1920 bekam er dann seinen jetzigen Platz.

Der Runenstein wurde von drei Personen zum Gedenken an einen Kameraden errichtet. Er war ein guter Kämpfer.

DR339-Runenstein von Stora Köpinge

Die Inschrift lautet:
uristr • ãuk • nukR • ãuk • krusa • risþu • stin • þãnsi • uft • aba • filaka • sin • trik • kuþan

Sinngemäß übersetzt bedeutet das: **"Vrest und Näck und Kruse errichteten diesen Stein für Apa (oder Ebbe), ihren Kameraden, (einem) guten Kämpfer."**

DR339-Runenstein von Stora Köpinge- Grafik
(Quelle: Enoksen: "Skånska Runstenar")

Runenstein in der Datenbank FMIS (RAÄ-Nummer): Stora Köpinge 22:1

1.1.16 Glemminge-Stenen – Runenstein von Glemminge – DR338

Von St. Köpinge rechts weiter Richtung **Glemmingebro**. In Glemmingebro vom **Romölleväg** geradeaus über die Kreuzung auf den **Tågarpsväg** fahren. Nächste Kreuzung **rechts abbiegen** in den **Trumleväg**. Der Runenstein steht außen an der Mauer des Kirchengrundes **östlich der Kirche**.

Der Runenstein wurde 1644 in der Mauer des Kirchengrundes entdeckt und später auf dem Kirchengrund aufgestellt. Seit 1870 steht er auf seinem heutigen Platz.

Die Inschrift des Steins enthält einen Fluch. Dieser droht demjenigen, der sich wagt den Stein von seinem ursprünglichen Platz zu bewegen. Noch schlimmer soll es denjenigen treffen, der den Stein zerstört.

DR338-Runenstein von Glemminge

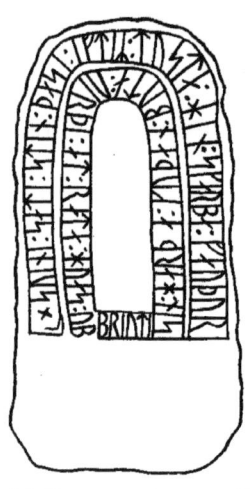

Die Inschrift lautet:
suini • sati • stin • þasi • iftiR • tista • hin • skarba • fauþur | sin • harþa • kuþan • buta • uirþi • at • rata • huas • ub | briuti

Sinngemäß übersetzt bedeutet das:
"Svenne setzte diesen Stein für Toste den Skarpe, seinen Vater, einen sehr guten Bauern. Derjenige sei ein ´rata´, der dieses Denkmal bewegt oder zerstört."

DR338-Runenstein von Glemminge - Grafik
(Quelle: Enoksen: "Skånska Runstenar")

Runenstein in der Datenbank FMIS (RAÄ-Nummer): Glemminge 2:1

1.1.17 Ales Stenar -Steinschiffsetzung in Kåseberga

Von Glemmingebro nach **Ingelstorp** fahren. Von Ingelstorp weiter nach **Valleberga**. In Valleberga **rechts** abbiegen nach Kåseberga. In Kåseberga muss man in der Hauptsaison auf dem Parkplatz gleich am Ortseingang parken. Von dort ist der **Weg zur Schiffssetzung** Ales Stenar sehr gut ausgeschildert. In der Nebensaison kann man bis zum Hafen von Kåseberga durch fahren. Von der führt ein steiler Weg auf die Klippe zur Steinschiffsetzung.

Hoch über dem kleinen schönen Fischerort Kåseberga südöstlich von Ystad findet man auf einem Plateau an der Steilküste Schwedens größte erhaltene Steinschiffsetzung.

Sie ist ganze 67 Meter lang und an der breitesten Stelle 19 Meter breit und besteht aus 59 Steinen.

Ales Stenar - Steinschiffsetzung

1515 wurde diese berühmte Schiffsetzung erstmalig erwähnt. In den Jahren 1917 und 1956 wurde die Schiffssetzung "restauriert", 1956 leider sehr unsanft mit Baggernund ohne vorherige genauere archäologische Untersuchen.

Ales Stenar - Steinschiffsetzung

Erst Ende der 1980er Jahre fing man an, die Schiffssetzung und die nähere Umgebung archäoligisch und geologisch zu untersuchen. Dies half die Bedeutung von Ales Stenar besser zu verstehen. Man fand z.B. heraus, dass die Steine eine längliche Form haben. Dies ist für Findlinge sehr ungewöhnlich. Ausserdem bestehen die meisten Steine aus Granit und Gneis, während die 4 Mittelblöcke aus Sandstein bestehen. Diese stammen vermutlich aus den Steinbruch südlich von Simrishamn stammen.

Untersuchungen mit der C14-Methode haben für die Errichtung der Schiffssetzung eine Zeitspanne zwischen 500 und 1000 n.Chr. ergeben. Das stimmt auch in etwa mit den Daten anderer Schiffssetzungen in Skandinavien überein. Man schätzt die Hauptnutzungszeit auf das 10. Jahrhundert nach Christus.

In der Mitte der Steinsetzung fand man ein Keramikgefäß mit verbrannten Menschenknochen und Holzkohle. Die Schiffssetzung, wie andere Schiffssetzungen in Schweden auch, ein Begräbnisplatz war. Also handelt es sich um eine Vendel- und Wikingerzeitliche Kultstätte.

Ales Stenar - Steinschiffsetzung

Allerdings gibt es dazu auch andere Meinungen. Es gibt auch die Auffassung, dass es sich bei Ales Stenar um einen riesigen astronomischen Kalender handelt. So stehen die Stevensteine vorne und hinten ziemlich genau in Richtung der untergehenden Sonne zur Sommer- bzw. Wintersonnenwende.

Auch die Aufteilung und Anordnung der Steine könnte auf Jahresquartale und Monate deuten.

Diese Auffassung wurde bei meinem ersten Besuch von Ales Stenar 2004 sogar noch sehr groß mit Informationstafeln vertreten. Mittlererweile wird eher die erstere Version in den offiziellen Broschüren weiter verfolgt.

Vielleicht liegt die Wahrheit ja irgendwo genau dazwischen???
Wie man sieht ist Ales Stenar ein wirklich besonderer Ort und
unumstrittenen einen Besuch wert!

Ales Stenar - Steinschiffsetzung

1.1.18 Östra Herrestad-Stenen – Runenstein von Östra Herrestad – DR343

Von Kåseberga wieder zurück nach **Valleberga**. Von dort weiter zur **Straße 9** Richtung **Simrishamn**. Auf der Straße 9 weiter Richtung Simrishamn. In **Hammenhög** links abbiegen Richtung **Gärsnäs**. In **Östra Herrestad links** abbiegen Richtung Kirche. Der Runenstein steht an der Mauer des Kirchengrundes gegenüber von Glockenturm, westlich der Kirche.

Der Runenstein wurde im Jahr 1880 bei Restaurierungsarbeiten an der Kirche von Östra Herrestad in der nördlichen Mauer gefunden. Er wurde ausgebaut und an der Kirche aufgestellt.

DR343-Runenstein von Östra Herrestad

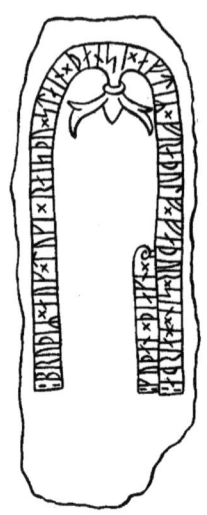

Die Inschrift lautet:
bruþiR • auk • tuki • raisþu • stain • þansi • aftiR • fraþulf • faþur • sin • harþa • | • kuþan • þaikn •

Sinngemäß übersetzt bedeutet das:
"Broder und Toke errichteten diesen Stein für Fradulf, ihren Vater, einem sehr vortrefflichen Thegn"

DR338-Runenstein von Östra Herrestad - Grafik
(Quelle: Enoksen: "Skånska Runstenar")

Runenstein in der Datenbank FMIS (RAÄ-Nummer): Östra Herrestad 5:1

1.1.19 Simris-Stenen 1 & 2 – Runensteine von Simris 1 & 2 – DR344 & DR345

Von Östra Herrestad Kirche wieder auf die Straße Richtung **Gärsnäs** fahren. Nach ca. 500 m **rechts** abbiegen Richtung **Östra Tommarp**. In Östra Tommarp weiter in Richtung **Simrishamn**. Auf die **Straße 9** nach Simrishamn weiterfahren. Circa **1,5 km vor Simrishamn** rechts abbiegen nach **Simris**. Dort zur Kirche fahren. Die Runensteine stehen direkt vor dem Eingang zum Kirchengrund.

An der Kirche von Simris stehen 2 sehr imposante Runensteine.

Stein 1:

Zu Beginn des 17. Jahrhunderts befand sich der Runenstein in der nördlichen Mauer des Kirchengrundes gefunden. Er hat schöne Ornamente im uppländischen Stil, was vermuten lässt, dass der Runenritzer einen uppländischen Runenmeister hatte.

Da der Text eine Verbindung zu Svitjod (altes Wort für Svealand/Schweden) hat, wird diese These bekräftigt.

Die Runenschlange endet in einem „sich selbst beißenden Monster". Dieses war ein sehr beliebtes Motiv der uppländischen Runenmeister um 1000. Die Art der Darstellung der der Köpfe der Schlangen im Profil mit den mandelförmigen Augen unterscheidet sich von den anderen skånischen Runensteinen. Auf diesen Steinen wird der Kopf der Schlange stets von oben dargestellt. Der Simris-Stenen 1 ist also nicht nur absolut sehenswert, sondern auch noch eine Besonderheit.

DR344-Runenstein 1 von Simris

Die Inschrift lautet:
**biarngaiR • lit [•] raisa • stain •
þina • eftiR • rafn • broþur • sin
• su(i)n • kun(u)?s • a suiþiuþu**

Sinngemäß übersetzt bedeutet
das:
**"Bjarnger lies diesen Stein
errichten für Ravn, seinen
Bruder, (Waffen)Sven den
König von Svitjod"**

DR344-Runenstein 1 von Simris - Grafik
(Quelle: Enoksen: "Skånska Runstenar")

Runenstein in der Datenbank FMIS (RAÄ-Nummer): Simris 1:1

Stein 2:
Der Stein wurde 1716 in der nördlichen Mauer des Kirchengrundes
zusammen mit dem Simris/Stein 1 gefunden. Jetzt steht er direkt neben
dem Simris Stein 1 vorm Kirchengrund. Er zeigt einen Stil in der
Ornamentik, welcher aus Södermanland stammt. Es ist sehr interessant,
dass beide Steine in Simris vom runensteinreicheren Svealand
beeinflusst sind.

DR345-Runenstein 2 von Simris

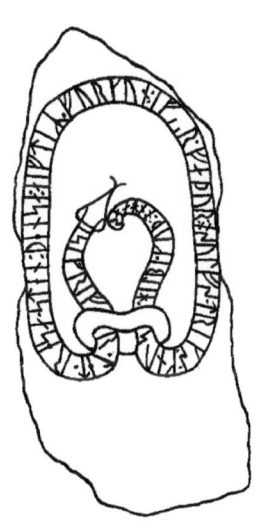

Die Inschrift lautet:
sigrif|r • let • resa • sten • þensa • aiftiR • furkun • if??r • faþur • osulfs • triks • knus | • hilbi • kuþ • on • hans

Sinngemäß übersetzt bedeutet das:
"Sigrev lies diesen Stein errichten für Forkun if??r, Vater (von) Asulv, Kämpfer von Knut. Gott helfe seinem Geist."

DR345-Runenstein 2 von Simris - Grafik
(Quelle: Enoksen: "Skånska Runstenar")

Runenstein in der Datenbank FMIS (RAÄ-Nummer): Simris 1:2

2 Blekinge

Blekinge grenzt im Nordosten an Skåne. In diesem kleinen Landstrich, der zur Wikingerzeit wie Skåne zu Dänemark gehörte, sind nur 10 Runensteine bekannt, wovon leider nurnoch 4 erhalten sind. Ein Runenstein, der "Istabystenen" befindet sich heute im Historischen Museum Stockholm in der Wikingeraustellung. Die anderen 3 Steine sind noch in Blekinge zu bewundern.

Ausserdem findet man in Blekinge ausgedehnte wundervolle Gräberfelder, insbesondere in der Umgebung von Listerby und Karlskrona. Auch der Nachbau eines Wikingerdorfes ist östlich von Karlskrona zu bewundern. Auch wenn Karlskrona nicht aus der Wikingerzeit stammt, möchte ich hier einen Besuch dieser wunderschönen geschichtsträchtigen Stadt anregen. Seit dem Mittelalter ist die "Stadt der tausend Inseln" der Standort der schwedischen Kriegsflotte, was ihrem eisfreien Hafen geschuldet ist. Eine Bootstour durch die Schären rund um Karlskrona mit seinen vielen Festungen ist ein besonderes Erlebnis für die Sinne!!!

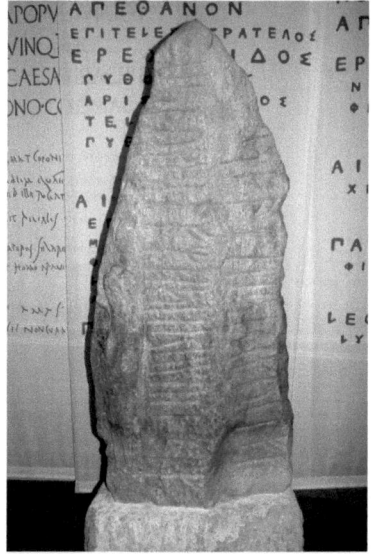

DR359-Istabystenen - Stein von Istaby

2.1 Westliches Blekinge

2.1.1 Sölvesborg-Stenen – Runenstein von Sölvesborg – DR356

Von Simris aus weiter in Richtung **Kristianstad** fahren. Bei **Brösarp** auf der **Straße 19** weiter Richtung **Kristianstad** bis zur **Autobahn E22**. Auf der Autobahn weiter Richtung **Karlskrona** bzw. **Kalmar**. Auf der Autobahn bis zur **Abfahrt 4**. Dort abfahren Richtung **Sölvesborg Centrum**. Im großen Kreisverkehr die zweite Abfahrt Richtung **Centrum** auf dem **Skånevägen** fahren. An der nächsten großen Kreuzung links weiterfahren auf die **Västra Storgatan**. Dieser Straße folgen, über die **Köpmansgatan** bis zur Kirche. Der Runenstein steht direkt vorm Glockenturm der Kirche.

DR356-Sölvesborgstenen - Stein von Sölvesborg

Dieser Runenstein wurde im Jahr 1748 entdeckt. Er war eingemauert im alten mittelalterlichen Klostergebäude von Sölvesborg. 1875 wurde er beim Waffenhaus der Kirche aufgestellt und steht seitdem dort. Der Text auf dem Stein ist einer von fünf Runentexten in Blekinge mit dem älteren Futhark. Er wird auf ca. 700 n. Chr. Datiert.

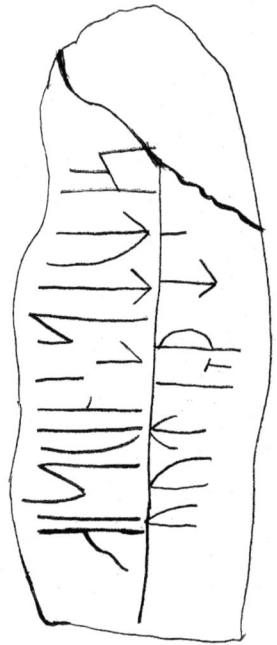

Die Inschrift lautet:
**urti • wAþ • ...... • asm=ut (') •
sunu • sin •**

Sinngemäß übersetzt bedeutet das:
Vade machte [diesen Stein nach] Asmund, seinem Sohn

DR356- Sölvesborgstenen - Stein von Sölvesborg - Grafik

Runenstein in der Datenbank FMIS (RAÄ-Nummer): Sölvesborg 18:1

2.1.2 Stentoftenstenen – Runenstein von Stentoften – DR357

Der Runenstein steht unweit von Station 22 (Sölvesborg-Stenen) entfernt **im Glockturm der Kirche**. Er steht direkt **neben dem Eingang** zum Waffenhaus **links neben der Tür**.

Dieser Runenstein stand früher in Stentoften in der Nähe des Sölvesborg Slott und wurde 1823 entdeckt. Er lag mit dem Text nach unten auf der Erde, umgeben von 5 scharfkantigen größeren Steinen die ein 5-Eck bildeten. 1864 wurde er in der Kirche von Sölvesborg aufgestellt.

Er wird auf ca. 700 n. Chr. Datiert. Seine Runeninschrift ist aussergewöhnlich und erzählt eine kurze Geschichte. Ausserdem enthält die Inschrift eine Fluch, der Alle treffen soll, die das Geheimnis (den Stein???) zerstören.

DR357-Stentoftenstenen - Stein von Stentoften

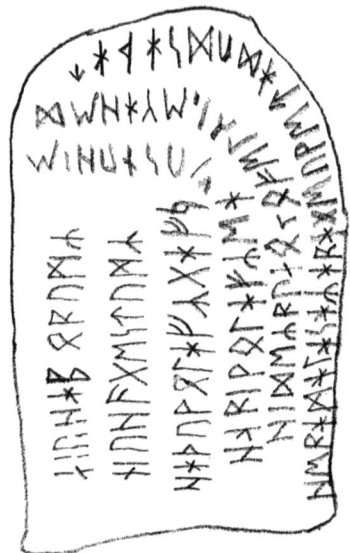

Die Inschrift lautet:
Runenschlinge A:
niuhAborumz •
niuhagestumz •
hAþuwolAfz • gAf j •
hAriwolAfz • (m)A--u •
snuh-e • hidez • runono •
fe(l)(A)h ekA hederA
Runenschlinge B:
ginoronoz
Runenschlinge C:
herAmAlAsAz • ArAgeu •
we(l)Aduds| |sA • þAt
Runenschlinge D:
bAriutiþ

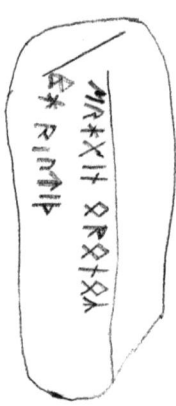

Sinngemäß   übersetzt
bedeutet das:
**Mit neun Böcken und
neun Hengsten war es für
Hariwulfar ein gutes Jahr.
Das ist ein großes
Geheimnis. Hier habe ich
große Geheimnisse tief
verborgen. Wer dieses
Geheimnis zerstört, soll
einen qualvollen Tod
finden.**

*DR357-Stentoftenstenen-
Stein von Stentoften - Grafik*

**Runenstein in der Datenbank FMIS (RAÄ-Nummer): Sölvesborg
18:2**

2.2 Mittleres und östliches Blekinge

2.2.1 Björketorpsstenen – Runenstein von Björketorp – DR360

Von Sölvesborg wieder auf die **Autobahn E22** in Richtung **Karlskrona** bzw. **Kalmar** fahren bis kurz vor **Listerby**. Auf Höhe **Leråkra** links abbiegen Richtung **Tving**/Johannishus. Nach **200 m** befindet sich auf der **rechten Seite ein Parkplatz** mit **Sehenswürdigkeitszeichen**. Auto dort abstellen und dem kleinen **Wegweiser** den **Waldweg** entlang folgen. Nach maximal **200 m** steht der Runenstein zusammen mit 2 Bautasteinen auf einer **Waldlichtung** direkt am Rand eines riesigen **Gräberfeldes**.

Dieser Runenstein wird ca. auf 400-700 n. Chr. Datiert und bildet mit 2 weiteren sehr hohen Bautasteinen ein imposantes vorgeschichtliches Monument.

Er steht immer noch auf seinem ursprünglichen Platz. Auch auf diesem Stein wird das ältere Futhark mit 24 Runen verwendet, welches bis ca. 800 n. Chr. verwendet wurde.

Deshalb werden sie auch „urnordische Runen" genannt. Eine ähnliche Inschrift findet man auf dem Stentoften-Stein in der Kirche von Sölvesborg.

Der Runenstein von Björketorp enthält ebenfalls einen geheimnisvollen „Fluch", welcher einem „Störenfried" nichts gutes verheißt.

Der Stein soll wohl das Gräberfeld vor Grabschändern schützen.

DR360-Björketorpstenen - Stein von Björketorp

DR360-Björketorpstenen - Stein von Björketorp -Front oben

DR360-Björketorpstenen - Stein von Björketorp -Front unten

DR360-Björketorpstenen - Stein von Björketorp -Rückseite

DR357-Björketorpstenen- Stein von Björketorp - Grafik

Die Inschrift lautet:

Vorderseite:

hAidz • runo • ronu • fAlAhAk • hAiderA • ginArunAz • ArAgeu • hAerAmAlAusz •utiAz • welAdAude • sAz • þAt • bArutz

Rückseite:

uþArAbA • sbA

Sinngemäß übersetzt bedeutet der Spruch auf der Vorderseite:

"Geheimnisvolle mächtige Runen ritzte ich hier. Kraftvolle Runen. Ewige Wut soll Denjenigen quälen, der dieses Monument schändet. Er soll einen heimtückischen Tod sterben. Ich spreche sein Verderben."

Die sinngemäße Übersetzung der Rückseite ist:
„Unheilvolle Prophezeihung"

Runenstein in der Datenbank FMIS (RAÄ-Nummer): Listerby 96:1

2.2.2 Gräberfeld von Hjortsberga/Johannishusåsen

Vom Parkplatz des Björketop-Stein aus weiter in Richtung **Tving** bzw. **Johannishus** fahren. Das Gräberfeld erstreckt sich **links** und **rechts** der Straße nach Johannishus über mehrere Kilometer. Der beeindruckendste Teil befindet kurz vor der kleinen Holzkirche im Stabkirchenstil auf der linken Seite der Straße.

Dieser Teil des Gräberfeldes ist ca. 300 m lang und ca. 100 m breit. Er enthält über 110 erhaltene Anlagen aus der Eisen- und Wikingerzeit. So zum Beispiel Bautasteine, verschiedene Steinsetzungen, Grabhügel und sogar Schiffssetzungen.

Alles deutet auf eine sehr lange und intensive Nutzung des Gräberfeldes hin. Es gehört definitiv zu den eindrucksvollsten Gräberfeldern in Blekinge.

Gräberfeld von Hjortsberga/ Johannishusåsen

Gräberfeld von Hjortsberga/ Johannishusåsen

Band 2 - Südschweden - Skåne/Blekinge

Gräberfeld von Hjortsberga/ Johannishusåsen

Gräberfeld von Hjortsberga/ Johannishusåsen

2.2.3 Gräberfeld von Hjortahammar

Vom Gräberfeld Hjortberga wieder zurück Strasse E22 fahren. Dort in Richtung Karlskrona bzw. Kalmar abbiegen. Nach circa 2 Kilometern im Kreisverkehr rechts halten in Richtung Almö / Hasslö. Das Gräberfeld befindet sich gut sichtbar auf einer Landenge circa 1,5 Kilometer nach dem Kreisverkehr rechts neben der Strasse nach Almö.

Das Gräberfeld liegt auf einer kleinen Anhöhe und ist beidseitig von Wasser umgeben. Es sind in Hjorthammar etwa 120 Grabmahle erhalten. Der nördliche Teil des Gräberfeldes wurde während der frühen Eisenzeit angelegt. Es gibt mehrere Steinkreise, die aber nur schwach im Gelände zu erkennen sind. Der südliche Teil des Gräberfeldes wurde während der späten Eisenzeit angelegt. Insgesamt gibt es 70 Steinkreise, 8 quadratische Steinkreise, 4 Dreiangel, 5 Grabhügel, 10 Steinschiffe, 5 Steinreihen und 8 Bautasteine.

Gräberfeld von Hjortahammar

Das beeindruckendste Steinschiff ist circa 40 Meter lang, 12 Meter breit und besteht aus neun stehenden Steinen.

71

Hjortahammar besaß bereits in der Wikingerzeit eine wichtigen Hafenanlage. Das lässt vermuten, dass es in der Nähe einen zentralen Marktplatz gab.

Diese Theorie wird durch den Fund von schweren Pfahlsperrsystemen unter Wasser, die auf das späte Jahr 1000 geschätzt werden, bestätigt. Hjortahammar war einer der wichtigsten Bauern-Häfen in Blekinge bis zur Mitte des siebzehnten Jahrhunderts.

Gräberfeld von Hjortahammar

Gräberfeld von Hjortahammar

2.2.4 Wikingerdorf "VALSHALL"

Von Hjortahammar wieder zurück zur **E22** fahren und rechts nach **Karlskrona** bzw. **Kalmar** fahren. An den Abfahrten nach Karlskorna vorbei weiter Richtung **Kalmar** halten. Nach circa 9 Kilometern rechts von der E22 abbiegen nach **Sturkö/Tjurkö**. Durch **Gängletorp** weiter Richtung **Sturkö** fahren bis zu einer **hohen Brücke** über den Östra Fjärden auf die Insel **Senoren**. Die Brücke überqueren und direkt hinter der **Brücke rechts** auf den **Rastplatz** abbiegen. Das Auto dort parken und zu Fuss am Kinderspielplatz vorbei geradeaus dem **kleinen Weg folgen**. Umschlossen von einem kleinen Wall mit Holzzaun befindet sich das Wikingerdorf direkt auf einer Anhöhe am Wasser.

Im Jahr 2011 begann man auf der schönen Insel Senoren östlich von Karlskrona ein schönes Projekt. Direkt am Rastplatz an der Brücke zum Festland sollte eine Nachbildung einer kleinen Siedlung der Wikingerzeit entstehen. Nach mehrjähriger Bauzeit ist nun ein Großteil des Projektes fertig gestellt.

Vikingabyn "Valshall"

Vikingabyn "Valshall"

Unter Anderem gibt es ein großes Wohnhaus, ein paar Lehmhäuser und einen Stall. Es gibt Beete für den Ackerbau und eine Schafskoppel. An einer Stelle in Richtung Wasser wurde der Opferhain für die nordischen Götter angelegt. Sogar einen Runenstein gibt es.

Vikingabyn "Valshall"

Das Wikingerdorf ist leider nur in der Sommersaison von Juni bis Ende August geöffnet. Man kann aber die Wikingersippe, die das Dorf betreibt über deren Facebookseite kontaktieren und individuelle Termine vereinbaren:

https://www.facebook.com/valshall/?fref=ts

Vikingabyn "Valshall"

Vikingabyn "Valshall"

3 Skåne - Teil 2

Teil 2 unserer Reise durch Skåne führt uns vom Nordosten quer durchs Land bis an die Westküste entlang der Autobahn E22. In einer landschaftlich reizvollen Landschaft findet man sehr viele historische Plätze der Wikingerzeit. Die Reise führt uns unter anderem in die Universitätsstadt LUND, die für sich schon eine Reise wert ist!

3.1 Skånes Nordosten

3.1.1 Gudahagen Gräberfeld & Tingplatz in Näsum

Von Valshall wieder zurück auf die Autobahn **E22** in Richtung **Malmö**. An der **Abfahrt 44** abbiegen auf die **Straße 116** in Richtung **Olofström**. Nach ca. 10 km links abbiegen nach **Näsum**. In Näsum zur Kirche fahren. **Links** an der Kirche vorbei in den **Åskekärravägen**. Nach ca. 500 m rechts abbiegen in den **Gudahagsvägen**. Dem Weg folgen. **Rechts** von der Strasse befindet sich das **Gräberfeld** mit seinen Bautasteinen auf einem Hügel, der von Weitem sichtbar ist.

Südlich des kleinen Örtchens Näsum im Nordosten von Skåne liegt eines der schönsten und eindrucksvollsten eisenzeitlichen Gräberfelder von Südschweden.
Schon in alten Karten wurde dieser Platz als "Gamle Kyrkogård" bezeichnet. Dies bedeutet "Alter Friedhof". Ein anderes Wort war "Templeplatsen".

Der schon weitem sichtbare Hügel ist an seinen Seiten je circa 50 Meter lang und war ursprünglich komplett von aufrechtstehenden Steinen, sogenannten Bautasteinen, umgeben.

Gudahagen

Insgesamt standen schätzungsweise 250 Steine vorhanden. Einige eindrucksvolle Steine sind noch vorhanden und erinnern an diesen wohl sehr heiligen Platz.

Gudahagen

Innerhalb der Einfriedung fand man mehrere Grabhügel und Steingräber. Auf den Hügel führen einst befestigte Rampen.

Gudahagen

Neben der Einfriedung befindet eine Senke, die einst ein Moor war. Es wird vermutet, dass der Hügel mit seinen Steinen ein heiliger Platz oder sogar Platz eines heidnischen Tempels war und das nebenliegende Moor als Opferstätte diente.

Gudahagen

Einen besonderen Besuch wert ist jedes Jahr der Wikingermarkt in Gudahagen. Am jeweils dritten Wochenende des Septembers findet dieser wohl schönste Wikingermarkt in Skåne statt.

Gudahagen - Wikingermarkt

Geboten wird direkt neben dem heiligen Platz an 2 Tagen Handel, Handwerk, wilde Kämpfe und viel viel mehr!

Gudahagen - Wikingermarkt

Gudahagen - Wikingermarkt

3.1.2 – Norra Åsum-stenen – Runenstein von Norra Åsum – DR347

Von Gudahagen wieder auf die **Straße 116** in Richtung Bromölla/Sölvesborg fahren. In **Bromölla** auf die **E22** Richtung Malmö abbiegen. An der **Abfahrt 38** von der E22 abfahren nach **Norra Åsum**. In Norra Åsum zur **Kirche** fahren. Der Runenstein steht im **Wappenhaus** der Kirche.

Der Norra Åsum-Stein ist ein mittelalterlicher Runenstein. Er passt somit eigentlich nicht zwangsläufig in die Reihe der wikingerzeitlichen Runensteine. Allerdings ist er für eine wichtige bekannte historische Person, dem Erzbischof Absalon geschaffen und somit habe ich mich entschlossen, ihn doch mit in diesen Reiseführer aufzunehmen.

Runenstein von Norra Åsum – DR347

Der Stein wurde von Absalon in Zusammenhang mit dem Bau einer Kirche errichtet. Jener Absalon gründete Kopenhagen und gab Saxo Grammaticus den Auftrag, die dänische Historie niederzuschreiben.

Seit dem 15. Jahrhundert ist dieser Runenstein bekannt. Er ist der jüngste Runenstein in Skåne. Als der Stein geschaffen wurde, war die Runenstein-Mode schon seit 1,5 Jahrhunderten ausgestorben. Aber Absalon hatte ein großes Interesse an der Landeshistorie und wählte wohl deshalb einen Runenstein als Denkmal.

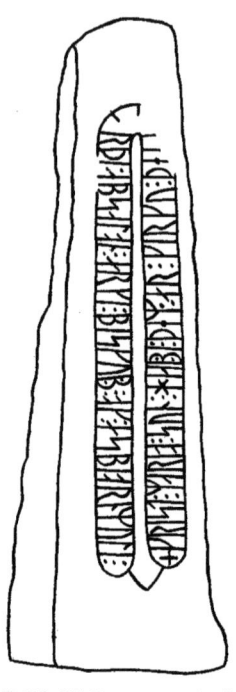

Die Inschrift lautet:
krist • mario • sun • hiapi • þem • ær • kirku • þe(si) • (g)erþ(o) • absalon • ærki • biskup • ok • æsbiornmuli •

Sinngemäß übersetzt bedeutet das:
"Christus, Marias Sohn, helfe dem, der diese Kirche baute – Absalon Erzbischof und Esbjörn Mule."

DR347-Runenstein Norra Åsum - Grafik
(Quelle: Enoksen: "Skånska Runstenar")

Runenstein in der Datenbank FMIS (RAÄ-Nummer): Kristianstad 203:1

3.2 Mittleres Skåne

3.2.1 Västra Strö Monument – DR334 & DR335

Von Norra Åsum wieder auf die **E22** Richtung **Malmö** fahren. Hinter **Hörby** nach ca. 5 km **rechts** abbiegen auf die **Straße 17** nach **Eslöv / Landskrona**. Bei **Trollenäs** rechts abbiegen nach **Västra Strö**. In Västra Strö **links** halten auf die Straße Richtung **Marieholm**. Nach ca. **200 m** befindet sich der Platz auf **der linken Seite** auf einem Hügel auf dem Acker.

Das Västra Strö Monument ist das schönste Runenmonument von Skåne, das noch auf seinem ursprünglichen Platz steht.
Das Monument steht auf einem Grabhügel bei Tulshöj. Es besteht aus 2 Runensteinen und fünf Bautasteinen.

Auf einem der Runensteine ist auf der Rückseite eine Maske geritzt.

Bei der Entdeckung des Monuments war es in einem sehr schlechten Zustand. Bis auf einen Stein waren alle umgefallen. Erst 1932 wurden die Steine unter Leitung des Historischen Museums in Lund wieder aufgestellt und danach entdeckte man die Gesichtsmaske auf dem einen Runenstein.

Um dieses Monument ranken sich viele Sagen. Die bekannteste handelt von einem Mädchen, welches die Langeweile im Schloß von Trollenäs hatte, begab sich zum Monument. Ein Troll, welcher in dem Hügel wohnte, begehrte und raubte sie. Sie wurde nie wieder gesehen.

Västra Strö Monument

Stein 1 – DR 334

Der Västra Strö-Stenen 1 ist der größere der beiden Runensteine des Monumentes. Errichtet wurde er zur Erinnerung an einen Bruder, der während einer Viking-Fahrt in den Norden gestorben ist.

Runenstein 1 von Västra Strö – DR334

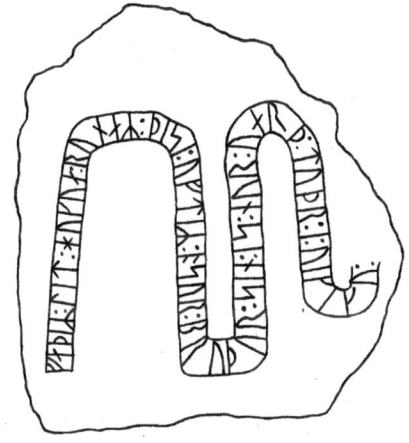

Die Inschrift lautet:
faþiR • lit • hukua • runaR
• þisi • uftiR • osur •
bruþur • sin • is • nur •
uarþ • tuþr • i • uikiku

Sinngemäß übersetzt
bedeutet das:
"Fader lies die Runen für
Asser hauen, seinen
Bruder, der auf
Vikingfahrt nach Norden
starb."

DR334-Västra Strö-Stenen 1-Grafik
Quelle: Enoksen: Skånska Runstenar

Stein 2 – DR 335

Der kleinere der beiden Runensteine von Västra Strö wurde ebenfalls von Fader errichtet. Allerdings wurde der Stein für einen Mann errichtet, mit dem er auf einem Schiff fuhr. Möglicherweise ist es das selbe Schiff, mit dem Asser auf Viking fuhr und den Tod fand.

Runenstein 2 von Västra Strö

Runenstein 2 von Västra Strö

85

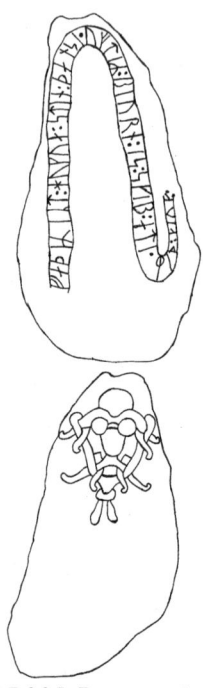

Die Inschrift lautet:
**faþiR • lit • hukua • stin •
þan(s)i • uftiR • biurn • is
• skib • ati • miþ • anum**

Sinngemäß   übersetzt
bedeutet das:
**"Fader lies diesen Stein
für Björn hauen, der mit
dem selben Schiff war
wie er."**

DR335-Runenstein 2 von Västra Strö-Grafik

***Runensteine in der Datenbank FMIS (RAÄ-Nummer):
Västra Strö 2:3 und Västra Strö 2:4***

3.2.2 Västra Karaby-Stenen – Runenstein von Karaby – DR321

Von Västra Strö nach **Marieholm** fahren. In Marieholm auf die **Straße
108** nach **Kävlinge**. In Kävlinge **rechts** auf die **Straße 104** Richtung
Landskrona fahren. In **Dösjebro** auf der **Straße 104** weiter Richtung
Landskrona. Beim Ort **Furunäs** (ca. 1 km hinter Dösjebro) befindet
sich der Runenstein kurz hinter der **Kreuzung nach Ålstorp** auf der
rechten Seite der Straße 104 hinter dem **Schild FURUHILL** auf der
Wiese hinter einem Holzzaun.

Der Runenstein von Västra Karaby ist schon seit der Mitte des 17. Jahrhunderts bekannt. Erstand am Weg von Landskrona nach Lund auf einem Landstück, das zum Dorf Ålstorp gehörte. Deshalb hieß er früher auch Ålstorp-Stein genannt wurde. Er steht dort immernoch, allerdings wurde er auf einen kleinen Hügel gestellt, damit er besser sichtbar ist.

Runenstein von Västra Karaby

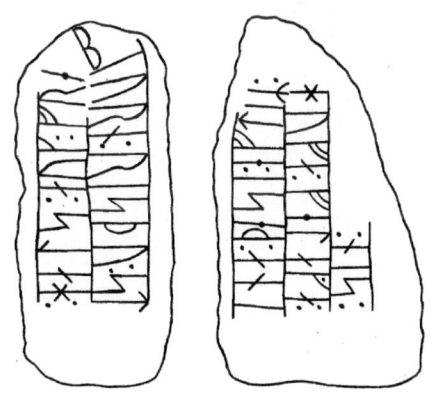

DR321-Västra Karaby-Stenen-Grafik
Quelle: Enoksen: Skånska Runstenar

Die Inschrift lautet:
Seite A: **hals • auk • frebiurn • risþu • st|**
Seite B: **ina • þesi • eftiR • | hufa • felaga • | sin •**

Sinngemäß übersetzt bedeutet das:
"Hals und Frebjörn errichteten diese Steine für Hove, ihren Kameraden."

**Runenstein in der Datenbank FMIS (RAÄ-Nummer):
Västra Karaby 10:1**

3.3 Westliches Skåne

3.3.1 Löddeköpinge Wikingercenter

Von Furunäs nach Saxtorpsskogen. Dort auf die Autobahn E6 in Richtung Malmö fahren. An der Abfahrt 22 abfahren auf den Malmövägen Richtung Löddeköpinge. An der großen Kreuzung rechts abbiegen auf den Ådalsvägen. Vorbei an der Kirche von Löddeköpinge. Kurz hinter der Kirche befindet sich das Wikingercenter auf rechten Seite der Straße.

Im kleinen Örtchen Löddeköpinge entsteht seit ein paar Jahren ein besonderer Platz. Es wird fleissig und mit viel Hingabe daran gearbeitet ein Wikinger-Erlebnis-Center aufzubauen.

Mehrere Häuser sind bereits aufgebaut und in der Saison ab April ist dieses Museumsdorf belebt mit Darstellern, die Handwerk vorführen und den Besucher durch das Wikingerdorf leiten.

Vikinga Tider - Löddeköpinge

Vikinga Tider - Löddeköpinge

Vikinga Tider - Löddeköpinge

Einmal im Jahr findet in dem Museumsdorf ein großer Wikingermarkt statt. Das sogenannte "FRÖJA-TING" ist das kulturelle Highligt des Wikingerdorfes. Immer am dritten Wochenende des Juli verwandelt sich das Dorf in einen riesigen Marktplatz mit vielen internationalen Händlern und Darstellern. Ein Besuch lohnt sich definitiv.

Vikinga Tider - Löddeköpinge

3.3.2 Stora Harrie-Stenen – Runenstein von Stora Harrie – DR324

Vom Wikingercenter in Löddeköpinge weiter auf dem **Ådalsvägen** nach **Kävlinge**. In Kävlinge an **links** halten vom Högsvägen auf die **Storgatan**. Im Kreisverkehr die **erste Ausfahrt** auf den **Harjagersvägen** (Straße 104). Nach circa **2 km links** abbiegen nach **Stora Harrie**. Dort zur **Kirche** fahren. Der Runenstein befindet sich in der Kirche unter der Orgelempore.

Dieser Runenstein wurde Mitte des 18. Jahrhunderts im Fußboden der Kirche gefunden. Er wurde herausgenommen und unter der Orgelempore im Südschiff der Kirche eingemauert. Dort ist er bis heute zu finden.

Runenstein von Västra Karaby

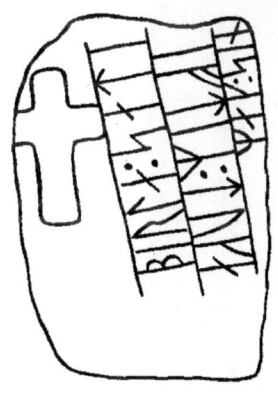

Die Inschrift lautet:
birla • sati • [????] [????] • iftiR • tuka | mak • sin [?...]

Sinngemäß übersetzt bedeutet das:
"Birle setzte (diesen Stein) für Toke, seinen Schwiegersohn [?...]."

DR324-Stora Harrie-Stenen-Grafik
Quelle: Enoksen: Skånska Runstenar

Runenstein in der Datenbank FMIS (RAÄ-Nummer):
Stora Harrie 2:1

3.3.2 Gårdstånga-Stenen – Runenstein von Gårdstånga – DR329

Von Stora Harrie wieder zurück auf die **Straße 104** in Richtung **Sjöbö**. Über die Autobahn **E22** weiter bis nach **Flyinge**. In Flyinge nach ca. **200 m** kurz vor der **grossen Kreuzung** steht der Runenstein gegenüber der Einfahrt zum **Runstensväg** auf einem **Rasenstück** unweit der Straße. Ein **Schild „RUNSTEN"** weist auf den Stein hin.

Dieser Runenstein stand urprünglich ausserhalb des Dorfes Gårdstånga zusammen mit einige anderen aufgerichteten Steinen. Im Jahr 1627 wurde er das erste mal gemalt. Danach wurde er auf ein Wohngrundstück gebracht und dort als Sitzbank verwendet. 1830 wurde er in den Park des Ortes Flyinge gebracht, wo er bis heute steht.

Runenstein von Gårdstånga

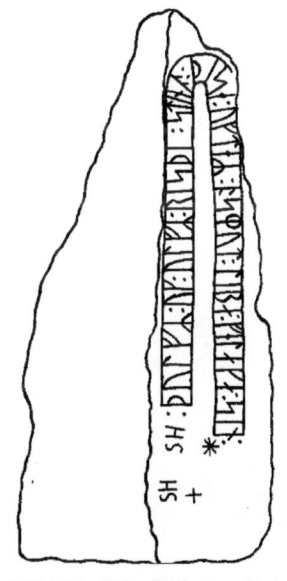

Die Inschrift lautet:

þulfR • uk • ulfR • risþu • stino • þise • ufteR • osmut • liba • felaga • sin •

Sinngemäß übersetzt bedeutet das:
"Tholv und Ulv errichteten diesen Stein für Asmund Lippe, ihren Kameraden."

DR329-Gårdstånga-Stenen-Grafik
Quelle: Enoksen: Skånska Runstenar

Runenstein in der Datenbank FMIS (RAÄ-Nummer): Holmby 1:1

3.3.3 Holmby-Stenen – Runenstein von Holmby – DR328

Von Flyinge weiter auf der **Straße 104** in Richtung **Sjöbö** fahren. **Holmby** liegt circa **1 km** hinter **Flyinge** an der **Straße 104**. In Holmby zur **Kirche** fahren. Der Runenstein steht direkt an der Kirche **rechts beim Glockenturm**.

Dieser Runenstein wurde 1650 im Kirchturm von Holmby entdeckt. Erst 1908 wurde der Stein herausgenommen und vor der Kirche aufgestellt.

Auch auf diesem Runenstein ist ein sehr interessantes Schiff abgebildet. Wie beim Stein von Tullstorp hat auch dieses Schiff vorne und hinten Rammdorne. Deshalb ist es auch hier fraglich, dass es sich hier um ein Wikingerschiff handeln soll. Die Form erinnert meines Erachtens stark an Kriegsschiffe, wie sie im Mittelmeerraum benutzt wurden. Es ist also anzunehmen, dass die Person, die diesen Stein ritzen ließ, einen Bezug zu diesen Schiffen hatte.

Runenstein von Holmby

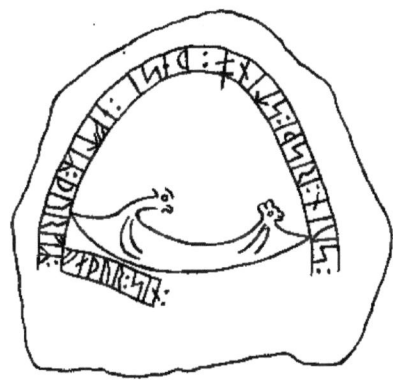

Die Inschrift lautet:
**suin c risþi • stina • þesi •
ef(t)iR • þurgiR • | faþur • sin**

Sinngemäß übersetzt bedeutet
das:
**"Sven errichtete diesen Stein
für Torger, seinen Vater."**

DR328-Holmby-Stenen-Grafik
Quelle: Enoksen: Skånska Runstenar

***Runenstein in der Datenbank FMIS (RAÄ-Nummer):
Holmby 10:1***

3.3.4 Hällestad-Sternarna 1-3 – Runsteine von Hällestad 1-3 – DR295, DR296, DR297

Von Holmby weiter auf der **Straße 104** Richtung **Sjöbö**. Rechts abbiegen nach **Revingeby**. In Revingeby weiter Richtung **Dalby** bzw. **Torna-Hällestad**. In Torna-Hällestad zur **Kirche** fahren. Die drei Steine stehen bei der Kirche. Alle 3 Steine sind in der Kirche eingemauert und von außen sichtbar.

Die drei Runensteine von Hällestad wurden 1668 entdeckt. Sie waren alle drei in der Mauer der Kirche eingemauert. Dort findet man sie noch Heute.

Stein 1-DR295:
Dieser Stein ist eingemauert als Grundstein in der südöstlichen äußeren Ecke des Kirchturms. Auch dieser Stein berichtet davon, dass Jemand nicht von Uppsala floh (siehe Sjörup-Stenen DR279). Die Inschrift berichtet davon, dass der Krieger den Stein für Toke Gormsson errichtet hat, seinen „Bruder". Mit „Bruder" ist in diesem Fall mit großer Sicherheit „Waffenbruder" gemeint ist. Das zeigt, dass die Wikingerkrieger einen Ring der Bruderschaft aufgebaut hatten. Toke Gormson war von königlicher Geburt und ein Anführer der Bruderschaft. Toke Gormsson könnte wahrscheinlich ein Sohn des Dänischen Königs „Gorm der Alte" gewesen sein.

Runenstein 1 von Hällestad

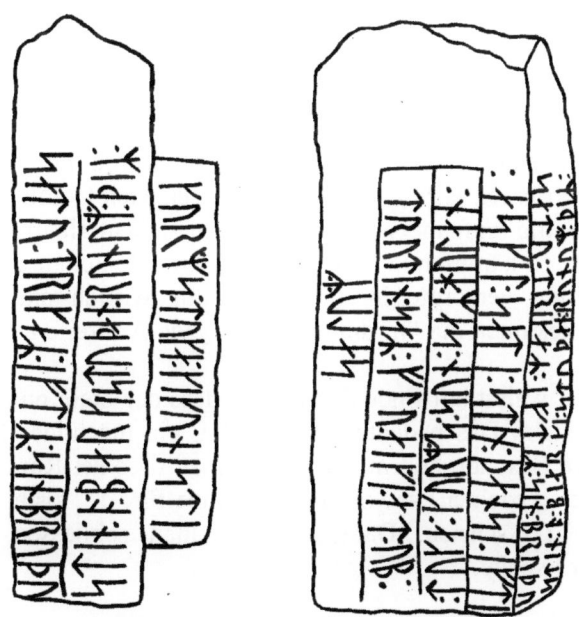

DR295-Hällestad-Stenen1-Grafik
Quelle: Enoksen: Skånska Runstenar

Die Inschrift lautet:

(Seite A): • **askil** • **sati** • **stin** • **þansi** • **ift[iR]** | • **tuka** • **kurms** • **sun** •
saR • **hulan** • | **trutin** • **saR** • **flu** • **aigi** • **at** • **ub** • | • **salum**

(Seite B): **satu** • **trikaR** • **iftiR** • **sin** • **bruþr** | **stin** • **o** • **biarki** • **stuþan**
• **runum** • **þiR** •

(Seite C): **kurms** • **tuka** • **kiku** • **nisti[R]**

Sinngemäß übersetzt bedeutet das:

"Eskil setzte diesen Stein für Toke, Gorm Sohn, seinem hohen
Herrn. Er floh nicht bei Uppsala. Setzte den Stein für seine
Kampfgefährten auf dem Grabhügel. Die Gorms Toke am nahesten
standen."

Runenstein in der Datenbank FMIS (RAÄ-Nummer): Hällestad 2:1
Stein 2-DR296:

Der zweite Runenstein von Hällestad wurde 1820 während der Restaurierung der Kirche hersusgenommen und nach Abschluß der Arbeiten an seiner jetzigen Stelle wieder eingesetzt. Auch dieser Stein erzählt von TOKE und wurde für einen seiner "hirdmän" errichtet. Hirdmän war einer der engsten Gefolgsleute eines Anführers.Seine Aufgabe war Loyalität bzu seinem Häuptling/Jarl, an seiner Seiter zu kämpfen und ihn gegen eventuelle Feinde zu schützen. Der Häuptling versorgte im Gegenzug mit Waffen und Kleidung. Außerdem bekamen die "hirdmän" Gaben, wie Armreife aus Gold und Silber usw.

Die Inschrift weisst am Ende darauf hin, dass der Stein nun auf einem Grabhügel steht. Das bedeutet, dass TOKE ein mächtiger Mann war.

Eine weitere Besonderheit in der Inschrift ist, dass der Runenritzer das Wort "reste" (errichten) sowohl mit der Rune für "T", als auch mit der Rune für "TH"schrieb. Daraus könnte man schliessen, dass der Runenritzer lispelte.

Runenstein 2 von Hällestad

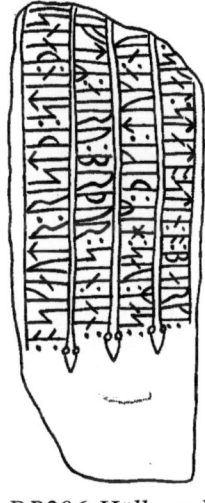

Die Inschrift lautet:
ãskautr • ristþi • stin • þansi (•) | (•) (i)ftiR • airu • brþur • sin • ian • | • saR • uas • him • þiki • tuka • nu • |• skal • statã • stin • ã • biarki •

Sinngemäß übersetzt bedeutet das:
"Asgot setzte diesen Stein für Ärre, seinen Bruder. Aber er war Hirdsman (bei) Toke. Nun soll der Stein auf dem Grabhügel stehen."

DR296-Hällestad-Stenen2-Grafik
Quelle: Enoksen: Skånska Runstenar

Runenstein in der Datenbank FMIS (RAÄ-Nummer): Hällestad 2:3

Stein 3-DR297:

Auch der Stein 3 von Hällestad wurde während der Renovierung der Kirche 1820 aus der Mauer genommen und danach an seine jetzige Stelle gesetzt. Der Hällestad-Stein 3 wurde ebenfalls für einen "Hirdmän". Asbjörn war wohl ebenfalls ein Waffenbruder von Toke. Das unterstreicht abermals, dass Toke ein wirklich sehr mächtiger Mann war.

Runenstein 2 von Hällestad

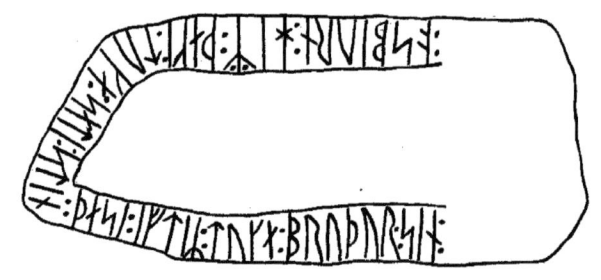

DR297-Hällestad-Stenen3-Grafik
Quelle: Enoksen: Skånska Runstenar

Die Inschrift lautet:
āsbiurn • him • þaki • tuka • sati • stin | • þasi • iftiR • tuka • bruþur • sin

Sinngemäß übersetzt bedeutet das:
"Asbjörn, Hirdmän (bei) Toke, setzte diesen Stein für Toke, seinen Bruder."

Runenstein in der Datenbank FMIS (RAÄ-Nummer): Hällestad 2:2

3.4 Universitätsstadt Lund

3.4.1 Historisches Museum in Lund – DR258 und Ausstellung über Uppåkra

Von Torna-Hällestad nach **Dalby** fahren. Bei Dalby auf die **Straße 16** nach **Lund** fahren. In Lund zum **Zentrum / Dom** fahren. **Dort parken. Das historische Museum befindet sich unweit** des Doms in einem **Backsteingebäude.** Etwa 100 m nordöstlich des Doms ist der Eingang zum Museum.

Das historische Museum von Lund ist das zweitgrößte historische Museum in Schweden. Es ist jederzeit einen Besuch wert. Im Magasin des Museums befinden sich die Bösarp-DR258-Stücke. Dabei handelt es sich um wahrscheinlich um 3 Stücke des selben Steines. Sie wurden in der ersten Hälfte des 19. Jahrhunderts in einem alten Garten in Södra Virestad gefunden. Die noch erhaltene Runeninschrift ist sehr kurz. Allerdings wird auch hier, wie z.b. auch auf den Hällestad-Steinen, der Name TOKE erwähnt.

Die anderen beiden Stücken enthalten eine Maske bzw. ein Teil eines Schiffes.

Solche Masken sind sehr verbeitet. So findet man solche Masken auf dem Lunde-Stein oder dem Västra-Strö Stenen 2 hier in Skåne, aber auch auf dem berühmten Runenstein von Århus auf Jütland (Dänemark). Die Bedeutung der Masken ist nicht sicher geklärt. Für mich ist die Theorie, dass es sich um „Totenmasken" handelt, die böse Geister vom Grab fern zu halten, die plausibelste.

Aber wie schon erwähnt, die genaue Bedeutung ist nicht geklärt. Was aber auf dem Stück von Bösarp-DR258 auffällt, ist die doch sehr schön gestaltete Maske. Im Vergleich zu den anderen Masken ist sie sehr aufwendig gestaltet. Jetzt ist sie auch das Wappen der Wikingerburg TRELLEBORGEN in Trelleborg.

Das Schiff auf dem dritten Stück ist anscheinend wieder eines der Schiffe mit Rammdorn am Bug. Die Bedeutung dessen wurde schon beim Runenstein von Tullstorp beschrieben.

Die Stücke befinden sich leider nicht in der Ausstellung. Allerdings kann man sich vor Besuch des Museums dort anmelden und bekommt in der Regel Zugang zu den Steinen.

Runensteinfragment von Brösarp

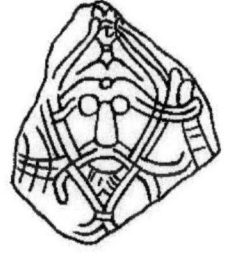

Die Inschrift lautet:
tuki • sati • ? ...

Sinngemäß übersetzt bedeutet das:
"Toke setzte ..."

DR258-Brösarp-Stenarna-Grafik
Quelle: Enoksen: Skånska Runstenar

Runenstein in der Datenbank FMIS (RAÄ-Nummer): Lund 86:2(1)

Außerdem enthält das Historische Museum momentan eine sehr interessante Ausstellung über die Ausgrabungen in Uppåkra. Die Funde aus der Vendel- und Wikingerzeit sind sehenswert und wirklich etwas sehr Besonderes.

3.4.2 Kulturen i Lund – Museum Kulturen in Lund – DR280, DR282, DR283, DR284, DR288, DR289, DR315 (Kopie) & DR325

Das Museum „Kulturen i Lund" befindet sich unweit des Kulturhistorischen Museums. Etwa 50 m nördlich des Kulturhistorischen Museums ist der Eingang zum Museum. Auf der Rasenfläche vor dem Museum stehen einige Runensteine. Weitere Runensteine befinden sich im Museum gleich rechts vom Eingang.

Das Museum „Kulturen i Lund" ist eine Mischung aus historischem Museum und Freilichtmuseum. Für einen Besuch sollte man Zeit mitbringen. Es lohnt sich, das ganze Museum zu sehen. Vor und im Museum findet man ein paar sehr schöne Runnesteine und einige Informationen und Ausstellungsstücke aus dem frühmittelalterlichen Skåne.

Vor dem Museumseingang unter ein paar Bäumen findet man die folgenden Steine:

DR280, DR288, DR298, DR325

Stein 1: DR280- Skårby-Stenen
Als man den Stein 1627 entdeckte, lag er zusammen mit einigen anderen Bautasteinen auf einer Wiese bei Gydsnave.

Später wurde der Stein im Schloßpark von Marsvinsholm aufgestellt. 1913 wurde er nach Lund zum Historischen Museum geschafft und etwas später im Vorhof von Kulturen aufgestellt. Der Stein enthält eine sogenannte „Eigentumsformel" und enthält die historisch erstmalige Erwähnung des Dorfes Gussnava. Der Stein enthält ebenso eine Darstellung eines großen Tieres.

Ein sehr beeindruckender Stein.

Runenstein von Skårby   *Runenstein von Skårby-Detail*

Die Inschrift lautet:
kaulfR • auk • autiR • þaR • sautu • stain • þans(i) • aftiR • tuma • bruþur • sia •| i(R)ati | kuþ | is • snab | n

Sinngemäß übersetzt bedeutet das:
"Kåulv und Aute setzten diesen Stein für Tomme, ihren Bruder, der Gussnava besass."

DR280-Skårby-Stenen-Grafik
Quelle: Enoksen: Skånska Runstenar

Runenstein in der Datenbank FMIS (RAÄ-Nummer): Lund 11:4

Stein 2: DR288- Bjäresjö-Stenen 2

Dieser Runenstein ist sehr gut erhalten. Er stand früher in einer Steinmauer in Bjäresjö. Im 18. Jahrhundert wurde er ebenfalls nach Marsvinsholm gebracht und 1913 dann nach Lund. Der Stein wurde zur Erinnerung an einen dræng errichtet. Dræng bedeutet "Kämpfer". Die Runen wurden in einem ausgesuchten und gut abgewägten Band geritzt, welches Kraft und Würde ausstrahlt.

 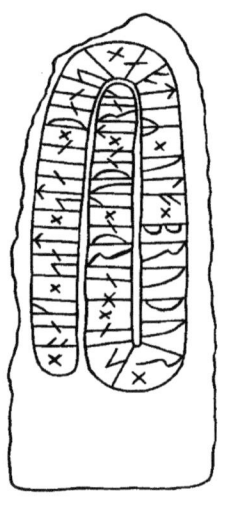

Runenstein 2 von Bjäresjö   *DR288-Bjäresjö2-Stenen-Grafik*
    Quelle: Enoksen: Skånska Runstenar

Die Inschrift lautet:
ãaki • sati • stain • þansi • aftiR • ulf • bruþur • sin • harþa • kuþan • trak •

Sinngemäß übersetzt bedeutet das:
"Åke setzte diesen Stein für Ulf, seinen Bruder, (ein) sehr guter Kämpfer."

Runenstein in der Datenbank FMIS (RAÄ-Nummer): Lund 11:6

Stein 3: DR298-Dalby-Stenen

Der Dalby-Stein wurde früher Sjöstorpstein genannt. Er wurde 1931 in einer alten Steinbrücke in der Nähe von Sjöstorp am Weg zwischen Lund und Dalby gefunden.

Wenn man sein Augenmerk auf die offensichtliche Unsicherheit bei der Rechtschreibung und die abwechselnde Verwendung von Wenderunen , Sturzrunen und gestürzte Wenderunen legt, kann man daraus schliessen, dass Thorger gerade begann sich die Runenhauerei beizubringen oder einfach "Wortblind" war.

Man kann es damit vergleichen, wie Kinder Buchstaben schreiben wenn sie sich die Kunst des Schreibens beibringen.

Runenstein von Dalby

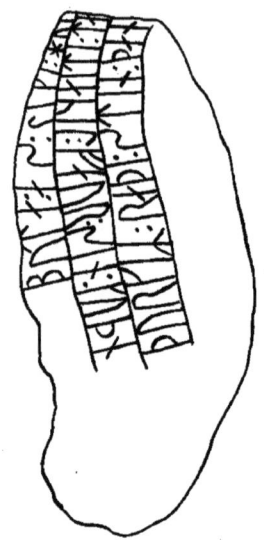

Die Inschrift lautet:

þurkiR • raþi • stin • þan • at • itinkil • faur • sin • kuþn • buta • as • liki • hu(k)

Sinngemäß übersetzt bedeutet das:

Torger errichtete diesen Stein nach Itinkil, seinem Vater, (ein) guter Bauer solange...

DR298-Dalby-Stenen-Grafik
Quelle: Enoksen: Skånska Runstenar

Runenstein in der Datenbank FMIS (RAÄ-Nummer): Lund 11:6

Im Museum direkt findet man die folgenden Runensteine: DR282, DR283, DR284 und DR 315 (Kopie).

Alle 3 Steine gehören zum berühmten Hunnestad-Monument. Das Hunnestad-Monument war, als es noch intakt war, Skånes prachtvollstes Monument aus der Wikingerzeit.

Im Jahr 1620 wurde es in Worms "Monumentica Danica" abgebildet. Es bestand aus acht Bautasteinen, wovon zwei eine Runeninschrift und drei Bildsteine waren. Bis 1716 war das Monument intakt.

Im Jahr 1814 waren aber bereits 2 der Bildsteine spurlos verschwunden. Nur der kleine Runenstein und der Bildstein mit der Frau, die auf einem Tier reitet, waren unversehrt. Vom großen Runenstein fand man nur die unteren Teile. Das dritte Stück fand man erst 1855 wieder. Im Jahr 1915 überführte man diese drei Steine in die Runenhalle des Historischen Museum in Lund. Später wurden sie dann in das Kulturen i Lund gebracht. Dort stehen sie bis heute.

Stein 1: DR282-Hunnestad-Stein 1

Dieser mächtige Runestein ist in drei Teile zerschlagen. Dadurch wurden Teile der Inschrift beschädigt. Auf der Abbildung der "Monumentica Danica" kann man die jetzt fehlenden Runen aber noch erkennen.

Die Bilddarstellung auf dem Stein zeigt einen Mann mit Kopfbedeckung und einer Langaxt über die Schulter. Fraglich ist, ob es sich um einen Kämpfer aus Gunne Hands Geschlecht oder um Gunne Hand selbst handelt.

Vergleicht man die Abbildung mit den anderen Hunnestad-Steinen, liegt es nahe, dass es eine mytologische Erklärung für den Axtmann gibt.

Möglich ist allerdings auch, dass die Abbildung einen der berühmten Waräger-Krieger zeigt. Die Form der Axt, der Kopfbedeckung und des Beinkleides (Pluderhosen) weisst sehr deutlich darauf hin. Das würde auch sehr gut mit den Abbildungen auf dem Tullstopsten zusammen passen.

Runenstein 1 von Hunnestad

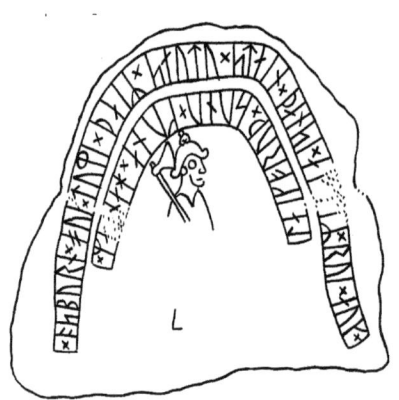

DR282-Hunnestad-Stenen1-Grafik
Quelle: Enoksen: Skånska Runstenar

Die Inschrift lautet:
ãsburn • ãu(k) • tumi • þaiR • sautu • stain • þansi • a(f)[t]iR • rui • auk • laikfruþ • sunu • kunu • han[t]aR

Sinngemäß übersetzt bedeutet das:
Asbjörn und Tomme setzten diesen Stein nach Roi und Lekfröjd, Söhne von Gunne Hand.

Runenstein in der Datenbank FMIS (RAÄ-Nummer): Lund 11:2

Stein 2: DR282-Hunnestad-Stein 2

Der Hunnestad-Stein 2 wurde von dem selben Asbjörn errichtet, wie auch der Hunnestad-Stein 1. Allerdings sagt er auch, dass Tomme, welcher Miterrichter des Hunnestad-Stein 1 war, nun ebenfalls tot ist.

Der Hunnestad-Stein 2 ist mit einem Kreuz verziert, statt mit einem Bild. Es handelt sich um ein Kreuz mit einer Swastika (Hakenkreuz) in der Mitte. Somit ist es sowohl ein christliches als auch ein heidnisches Symbol.

Da sowohl der Hunnestad-Stein 1 als auch der Hunnestad-Stein 2 den Namen "Gunne Hand" enthalten, handelt es sich bei "Asbjörn" und "Tomme" auf beiden Steinen ebenfalls um die selben Personen. Eine Besonderheit beim Hunnestad-Stein 2 ist, dass der Runenritzer die "a-Rune" und die "N-Rune" im Wort "snti" verwechselt hat. Gemeint war sicherlich "sati".

Runenstein 2 von Hunnestad

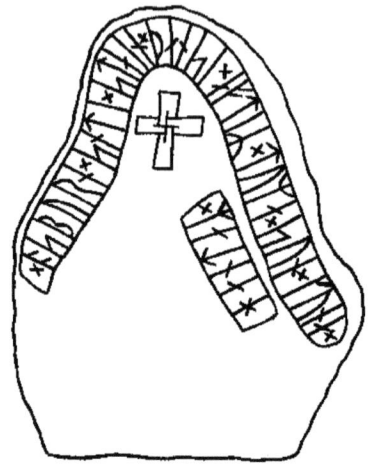

Die Inschrift lautet:
**āsburn • snti • stain • þansi •
aftiR • tuma • sun • kuna • |
hantaR**

Sinngemäß übersetzt bedeutet
das:
**Asbjörn setzte diesen Stein
nach Tomme, Sohn (von)
Gunne Hand**

*DR283-Hunnestad-Stenen2-Grafik
Quelle: Enoksen: Skånska Runstenar*

**Runenstein in der Datenbank FMIS (RAÄ-Nummer):
Lund 11:3**

Stein 3: DR284-Hunnestad-Stein 3

Der Hunnestad-Stein 3 ist der einzige erhaltene Bilstein der ursprünglich drei Bildsteine OHNE Runeninschrift, die zum Hunnestad-Monument gehörten.

Der Bild zeigt eine Frau, welche auf einem Wolf reitet. Ihre Zunge ist eine Schlange und die Zügel sind ebenfalls Schlangen.

Es liegt nahe, dass es sich bei dieser Figur um "Hyrrokkin" handelt. Diese Figur wird in Snorres Edda in Zusammenhang mit dem Tod Baldurs erwähnt. Eine Riesin, die auf einem Wolf reitet mit einer Schlange als Zunge und Schlangen als Zügel. Sie ist Diejenige, die das Schiff "Hringhorni" mit Baldurs Leichnam vom Ufer stößt, da alle Götter dazu nicht im Stande waren.

Für mich ist dieser Bildstein einer der beeindruckensten und schönsten Steine der Wikingerzeit. Absolut sehenswert und allein dieser Stein ist das Eintrittsentgelt für das Museum wert.

Runenstein 3 von Hunnestad

DR284-Hunnestad-Stenen3-Grafik
Quelle: Enoksen: Skånska Runstenar

Runenstein   in   der   Datenbank   FMIS   (RAÄ-Nummer):
Lund 11:1

Stein 4: DR315-Lunda-Stein 2 (Kopie)

Im Museum findet man ebenfalls eine Kopie des Lunda-Stein 2. Das Original dieses Runensteins wurde Ende 1790 in einer Steinmauer in der Stora Tvärgatan, nahe der Södergatan, in Lund gefunden. 1829 wurde er als Geschenk an den Bischoff in Kopenhagen gesandt. Er ist seitdem eingemauert in der Nørregarde in Kopenhagen. Die Inschrift erzählt von einem Kirchenbau.

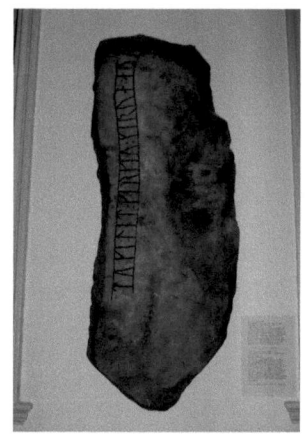

Runenstein von Lunda (Kopie)

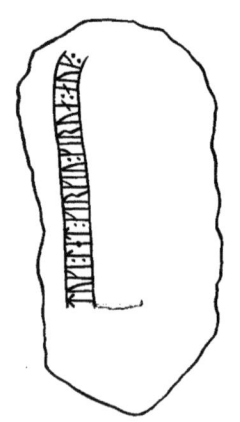

Die Inschrift lautet:
tuki • let • kirkiu • kirua • auk •?.....

Sinngemäß übersetzt bedeutet das:
Toke liess diese Kirche machen (bzw. bauen) und ...

DR284-Lunda-Stenen-Grafik
Quelle: Enoksen: Skånska Runstenar

3.4.3 Runstenshögen i Lund – Runensteinhügel in Lund – DR270, DR316, DR317, DR330, DR331 & DR337

Vom Museum „Kulturen i Lund" aus **geradeaus** in den **Park** gehen. Im Park **rechts** halten zum **Universitätshuset**. Der Runensteinhügel befindet sich direkt vor dem **Universitätshuset im Park** nördlich des Doms. Der Hügel ist schon von weitem sichtbar.

Stein 1: DR270 - Skivarp - Stein
Der Runenstein wurde in der Mitte des 18. Jahrhunderts unter der alten Mauer des Kirchgartens in Skivarp gefunden. Man liess ihn in drei Teile sprengen und verwendete zwei Teile als Treppenstufen und ein Teil wurde in den Schornstein gemauert. 1864 wurde der Skivarp-Stein wieder zusammen gesetzt und den Skånischem Verein für Altertum und Geschichte geschenkt.

Im Jahr 1868 wurde der Stein auf dem Runensteinhügel "Lundagård" anlässlich des 200-Jährigen Jubiläums der Universität aufgestellt und steht dort bis heute.

Das Besondere an diesem Stein sind auch hier wieder Fehlritzungen bzw. Verwechslungen der Runen. So wurde z.B. **stia þasni** satt **stin þansi** und **sia statt sin** eingeritzt.

Runenstein von Skivarp

115

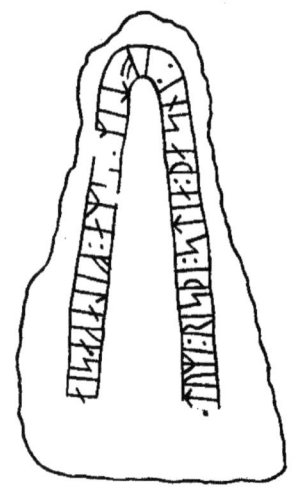

Die Inschrift lautet:
tumi • risþi • stia • þasni • iftiR • ??Ra • filaka • sia

Sinngemäß übersetzt bedeutet das:
Tomme errichtete diesen Stein für ..., seinen Kameraden.

DR270-Skivarp-Stenen-Grafik
Quelle: Enoksen: Skånska Runstenar

Runenstein in der Datenbank FMIS (RAÄ-Nummer): Lund 9:1

Stein 2: DR316 - Norra Nöbbelöv - Stein

Der Stein stand im 17. Jahrhundert in einer Ecke der Kirchgartenmauer. Er wurde später herausgenommen und als Grenzstein an der Kreuzung zwischen Nöbbelöv und Fjelie aufgestellt. Im Jahr 1870 wurde er vom Pfarrer zum Pfarrhaus von Fjelie gebracht, um ihn vor weiterer Zerstörung zu schützen.
Heute steht der Stein auf dem Runensteinhügel von Lund. Die Spitze des Steines war abgeschlagen seit der Stein bekannt ist. Deshalb kann man davon ausgehen, dass das unvollständige Wort "fila" mit zwei Runen in "filaka" erweitert werden kann. Das Wort "felaga" bedeutet "Kamerad". Als Kamerad gehörte man zu einer Kameradschaft. In einer solchen Kameradschaft wurden starke Freundschaftsbande aufgebaut.
Man findet diese Ehrennamen auf neun skånischen Runensteinen (DR262, DR270, DR279, DR318, DR321, DR329, DR330, DR339 und DR316).

Runenstein von Norra Nöbbelöv

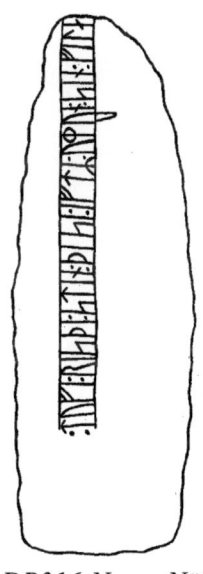

Die Inschrift lautet:
tufi • risþi • stin • þisi • iftR • umun • sin • fila(ka)

Sinngemäß übersetzt bedeutet das:
Tove errichtete diesen Stein nach Omun, seinem Kameraden...

DR316-Norra Nöbbelöv-Stenen-Grafik
Quelle: Enoksen: Skånska Runstenar

Runenstein in der Datenbank FMIS (RAÄ-Nummer): Lund 9:2

Stein 3: DR317 - Vallkärra - Stein

Der Vallkärra-Stein wurde 1627 in Worms "Monumenta Danica" abgebildet. Damals stand der Stein im Bereich von Vallkärr. Ein Bauer hatte 1800 den Stein versetzt und wurde danach anscheinend von Spuk und Geistern heimgesucht. Er sah dann keinen anderen Ausweg, als den Stein wieder auf seinen ursprünglichen Platz zurück zu stellen. Leider war der Bauer dabei zu eilig und der Stein sank zu tief in den Boden ein. Deshalb beschloss man den Stein auf dem Runensteinhügel in Lund aufzustellen.

Die Sage über den Mann, der von Spuk heimgesucht wurde zeigt Ähnlichkeiten mit Erzählungen über zwei andere Runensteine in Skåne, nämlich dem Fuglie-Stein (DR259) und dem Lunda-Stein (DR314). Aber auch über den Östra-Vemmenhög-Stein (DR268) und dem Västra-Strö-Monument (DR334-DR335) existieren Sagen über übernatürliche Geschehnisse.

Runenstein von Vallkärra

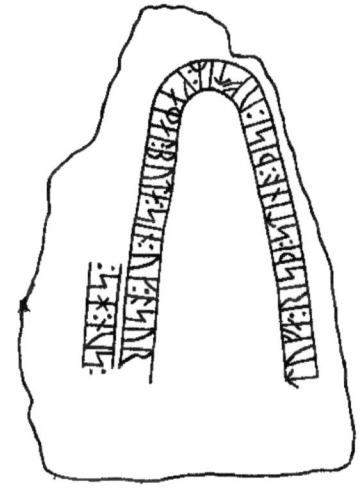

Die Inschrift lautet:
tufa • risþi • stinã • þisi • uftiR • kamal • buta • sin • uk • ãsur • | • sun • hs

Sinngemäß übersetzt bedeutet das:
Tova errichtete diesen Stein nach Gammal, ihrem Mann, und Asser ihrem Sohn.

DR317-Vallkärra-Stenen-Grafik
Quelle: Enoksen: Skånska Runstenar

Runenstein in der Datenbank FMIS (RAÄ-Nummer): Lund 9:4

Stein 4: DR330 - Gårdstånga - Stein 2

Dieser Runenstein wurde 1867 in einer Mauer, die die Kirche von Gårdstånga umgab, gefunden und umgehend zusammen mit dem Gårdstånga-Stein 3 nach Lund gesandt. Beide Steine wurden zur gleichen Zeit entdeckt. Sie wurden beide auf dem Runensteinhügel in Lund aufgestellt.

Obwohl der Stein beschädigt ist, ist der Großteil der Inschrift intakt. Der Runenstein hat auf zwei Seiten eine Inschrift. Es wird deutlich das Wort "viking" verwendet. Dies stellt meines Erachtens nach etwas Besonderes dar.

Runenstein 2 von Gårdstånga - Seite A

Runenstein 2 von Gårdstånga - Seite B

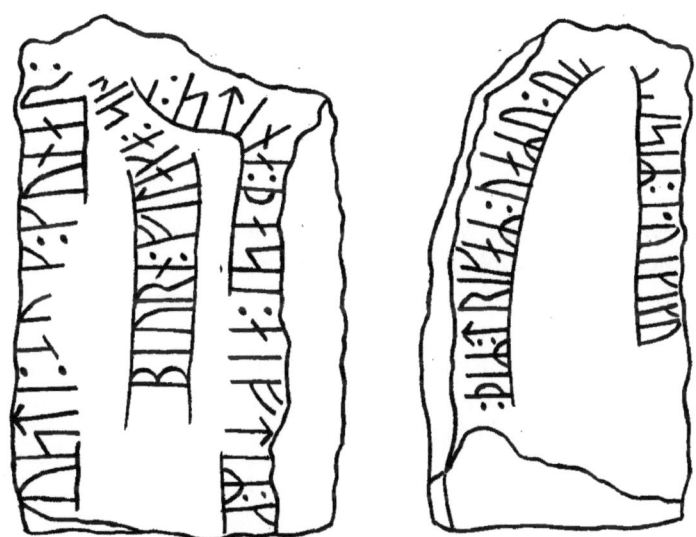

DR330-Gårdstånga 2-Stenen-Grafik
Quelle: Enoksen: Skånska Runstenar

Die Inschrift lautet:
Sida A: ... usti • auk • kunar • ...u • stina • þasi • aiftiR • kn...biurn • filaka • sin[a]
Sida B: þir • trikaR • uaRu • u[iþa • un]isiR • i • uikiku

Sinngemäß übersetzt bedeutet das:
Seite A: ...usti und Gunnar (errichteten oder setzten) diese Steine nach kn... und ...björn, ihren Kameraden.
Seite B: Diese Kämpfer waren weitbekannt unter den Wikingern.

Runenstein in der Datenbank FMIS (RAÄ-Nummer): Lund 9:5

Stein 5: DR331 - Gårdstånga - Stein 3

Dieser Runenstein wurde zusammen mit dem Gårdstånga-Stein 2 in einer Mauer bei der entdeckt Gårdstånga-Kirche entdeckt und auf dem Runensteinhügel in Lund aufgestellt.

Auf diesem Runenstein werden seltene große Runen verwendet. Aber die größte Aufmerksamkeit gehört dem Hammerzeichen am Ende der kurzen Inschrift. Es ist verlockend dieses Zeichen hinter dem Wort "Tobbe" als Thorshammer zu identifizieren. Dieser Runenstein könnte also mit der alten heidnischen Religion verbunden sein. Es könnte sich um eine Reaktion auf die neue christliche Religion sein, die sich zum Ende der Wikingerzeit in Skåne festigte.

Runenstein 3 von Gårdstånga

Die Inschrift lautet:
asur • sati • stina • þisi • iftiR | tuba •

Sinngemäß übersetzt bedeutet das:
Asser setzte diese Steine nach Tobbe.

DR331-Gårdstånga 3-Stenen-Grafik
Quelle: Enoksen: Skånska Runstenar

**Runenstein in der Datenbank FMIS (RAÄ-Nummer):
Lund 9:3**

Stein 6: DR337 - Valleberga - Stein

Der Valleberga-Stein lag 1700 in zwei Teile zerschlagen in einem Garten bei Valleberga. Später wurden beide Teile nach Lund gebracht, zusammengesetzt und auf dem Runensteinhügel aufgestellt.

Der Valleberga-Stein wurde errichtet zum Gedenken an "Manne" und "Svenne", die in England starben und dort begraben sind. Genau wie "Toke" auf dem Uppåkra-Stein haben auch diese Beiden ihr Leben im Westen verloren. Da der Stein ein Kreuz und ein frommes Gebet enthält, kann man ihn auf die Mitte des 10. Jahrhunderts datieren. Man könnte vermuten, dass "Manne" und "Svenne" zu der berühmten Gruppe "Tingalidet" in England gehörten, die von Knut dem Großen gegründet wurde.

Im Jahr 1016 hatte nämlich der dänische König Knut der Große England erobert und wurde dort auch zum englischen König gekröhnt. Daraufhin organisierte er eine Auswahl nordischer Krieger in "Tingalidet" um England gegen innere und äußere Feinde zu schützen. Die Mitglieder dieser Gruppe waren eine spezielle Gruppe welche Alle die gleichen Rechte und Pflichten hatten, welches auch für den König galten.

Diese Gruppe existierte bis 1066 als Wilhelm der Eroberer in England einfiel.

Man weiss nicht, ob "Manne" oder "Svenne" an der Schlacht um Hastings teilnahmen oder eines natürlichen Todes starben. Andererseits ist der Tod im Kampf ein "natürlicher" Tod für einen Wikingerkämpfer.

Runenstein von Valleberga - Seite A

Runenstein von Valleberga - Seite B

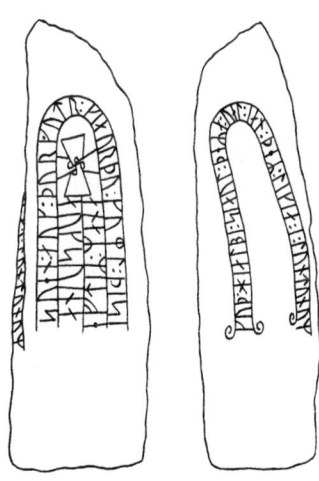

Die Inschrift lautet:
Seite A: • **suen** • **auk** • **þurgutr** •
kiaurþu • **kuml** • **þisi | eftiR** • **mana**
| auk • **suina**
Seite B: kuþ • **hialbi** • **siaul** • **þeRa** •
uel • **ian** • **þeR** • **likia** • **i** • **luntunum**

Sinngemäß übersetzt bedeutet das:
**Seite A: Sven und Torgot machten
dieses Zeichen nach Manne und
Svenne.
Seite B: Gott helfe ihren Seelen,
die in England begraben sind.**

DR337-Valleberga-Stenen-Grafik
Quelle: Enoksen: Skånska Runstenar

**Runenstein in der Datenbank FMIS (RAÄ-Nummer):
Lund 9:6**

3.4.4 Lunda-Stenen 1 – Runenstein von Lunda 1 – DR314

Vom Runstenshögen nördlich der **Sandgatan** folgen. An der Kreuzung weiter die **Allhelgona Kyrkogata** entlang. Der Straße ein kleines Stück folgen und dann in den **Park nördlich der Straße** gehen. Dort befindet sich ein großes **Backsteingebäude**. Das ist die **Universitätsbibliothek**. Die großen Treppen hinauf in das Gebäude gehen. Der Runenstein steht im **Vorraum der Bibliothek**.

Der Lunda-Stein 1 (auch Allhelgona-Stenen genannt) wurde 1680 im Grundfundament der Allhelgona-Kirche in Lund gefunden, als sie eine Ruine war. Andreas Stobæus, Professor für Geschichte an Lunds Universität, rettete den vier Meter hohen Runenstein, indem er ihn ausgruben liess um ihn für die Nachwelt zu bewahren.

Der Erzbischof von Lund lies ihn Anfang 1700 in mehrere Teile zerschlagen um ihn als als Treppe im Bischofsgarten zu verwenden. Daraufhin wurde der Bischoff aber von schrecklichen Spukereien heimgesucht und lies den Stein wieder an seinen ursprünglichen Platz bringen. Später wurde der Stein dann in das Universitätsgebäude "Lundagård" gebracht. Erst 100 Jahre später wurde der Runenstein im Zusammenhang mit dem 200-Jährigen Jubiläum der Universität Lund zusammengesetzt und in der Mitte des Runensteinhügels aufgestellt. Heute steht der der Stein im Foyer der Universitäts-Bibliothek.

Er ist Skånes und auch Dänemarks (Skåne gehörte zur Wikingerzeit zu Dänemark) höchster und meines Erachtens auch imposantester Runenstein. Auf ihm findet man eine Vielzahl interessanter Figurenbilder. Besonderes Augenmerk gilt auch den beiden Masken auf den Seiten B und C des Steins. Solche Masken findet man auch auf den Bösarp-Stück (DR258) und dem Västra-Strö-Stein 2 (DR335), aber auch auf dem berühmten Runenstein von Århus (Jütland/Dänemark). Interessant ist, wie man die beiden Wölfe und die Maske auf Seite D interpretieren soll. Warum sind die Wölfe mit Schwert und Schild bewaffnet? Greifen die beiden Wölfe die Maske an? Oder flüstern die beiden Wölfe in die Ohren der Maske? Viele unbeantwortete Fragen....

Aber gerade das macht diesen Stein sicherlich zu etwas Besonderem und Interessantem!

Im Runentext werden Olv und Ottar als "Landmänner" bezeichnet, welches ein Titel aus der höheren Bevölkerungsschicht gewesen ist. Vergleichbar mit den Wörtern "Bomän" und "Thegn".

Runenstein 1 von Lunda - Seite B

Runenstein 1 von Lunda - Seite A

Runenstein 1 von Lunda - Maske

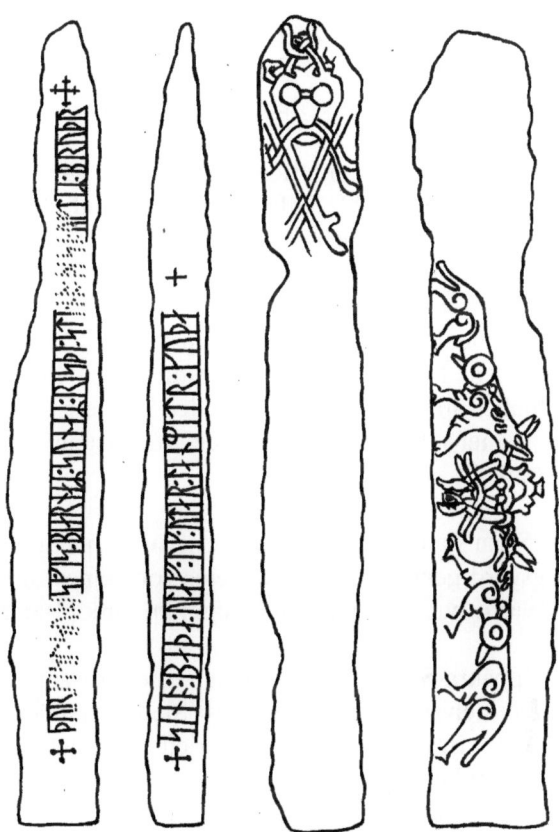

DR314-Lunda 1-Stenen-Grafik
Quelle: Enoksen: Skånska Runstenar

Die Inschrift lautet:

Seite A: • þu(r)|kisl • sun • i|sgis • biarnaR • sunaR • risþi • sti|nã • þisi| • (uf)tiR • bruþr •

Seite B: • sinã • baþa • ulaf • uk • utar • lanmitr • kuþa •

Sinngemäß übersetzt bedeutet das:

Seite A: Torgel, Sohn (von) Esge Björns Sohn, errichtete diesen Stein nach den Brüdern

Seite B: seinen beiden, Olav und Ottar, (sie waren) gute Landsmänner.

3.5 Südwestliches Skåne

3.5.1 Uppåkra-Stenen – Runenstein von Uppåkra – DR266

Vom Stadtzentrum in Lund in Richtung **Malmö** fahren. Am großen **Kreisverkehr** nahe der E22 Abfahrt 19 kurz auf der **Straße 108** Richtung **Kävlinge** fahren.Nach ca. **400 m** bei **Bergströmshusen links** abbiegen nach **Hjärup**. In Hjärup der Straße bis zur **großen Kreuzung** folgen. Dort **rechts** in den **Lommavägen** abbiegen. Die **zweite Kreuzung rechts** abbiegen in den **Hjärupsvägen**. Der Straße folgen, dabei **links** halten. Nach ca. **250 m** befindet sich **links** eine große **Wiese**. Gegenüber auf der **rechten Seite** der Straße ist ein **Zaun** eines Grundstücks namens **Stenhögsgård**. Der Runenstein steht am Zaun unweit der Straße.

Der Uppåkra Stein stand ursprünglich in Hjärup. Anfang 1900 wurde er nach Stenhögsgård gebracht, ca. 200 Meter von seinem ursprünglichen Standort. Er wurde auf einem kleinen Hügel im Park plaziert. Dort steht er noch heute.

Auf dem Uppåkra-Stein findet man eine zusammenhängenden Runentext, der sich über 2 Seiten des Steins ersträckt. Er wurde errichtet für eine Bruder der in "Västerled" gefallen ist. Damit ist wahrscheinlich England gemeint.

Runenstein von Uppåkra-Seite1

Runenstein von Uppåkra-Seite1

DR266-Uppåkra-Stenen-Grafik
Quelle: Enoksen: Skånska Runstenar

Die Inschrift lautet:
Seite A: nafni • risþi • stin • þasi | aftiR • tuka • bruþur • si[n]
Seite B: han • uarþ • uistr | tuþr
Sinngemäß übersetzt bedeutet das:
Seite A: Namne errichtete diesen Stein nach Toke, seinem Bruder,
Seite B: er starb im Westen.

Runenstein in der Datenbank FMIS (RAÄ-Nummer): Uppåkra 2:1

131

3.5.2 Uppåkra – Eine eisenzeitliche Siedlung und heidnischer Tempelplatz

Von Hjärup aus wieder Richtung **Lund** fahren. Nach ca. **1,5 km rechts** abbiegen nach **Uppåkra**. Dort zur Kirche fahren. Die Ausgrabungsstätten befinden sich bei der Kirche. Das Museum liegt etwas hinter der Kirche.

Uppåkra ist ein alter Siedlungsplatz, der schon seit Jahrtausenden genutzt wird. Der Platz ist strategisch günstig gelegen auf einer Anhöhe in der skånischen Ebene und an einem alten Landweg. Seit der Völkerwanderungszeit bis in die Wikingerzeit galt Uppåkra als größte Siedlung in Skåne.

Die Siedlung bestand aus ca. 30-40 Höfen mit Wohn- und Vorratsgebäuden, Werkstatthäusern und Ställen. Es handelte sich also um ein für damalige Verhältnisse riesiges Zentrum. Seit 1997 finden in Uppåkra Ausgrabungen statt. Die meisten Funde kann man in die Wikingerzeit datieren, allerdings gibt es auch Funde aus der älteren Eisenzeit. Man fand unter anderem Münzen, Fibeln, Amulette und Kultfiguren.

Vor noch nicht so langer Zeit fand man die Reste bzw. Fundamente eines sehr großen Gebäudes, das man als Tempel interpretieren kann. Da man auch Figuren von Odin fand, liegt die Vermutung nahe, dass es sich um ein heidnisches Kultzentrum handelte.

Vielleicht lag ja auch der berühmte "Goldene Tempel des Odin", den Adam von Bremen 1070 in seiner Chronik erwähnt und in Uppsala vermutet, ja doch in Uppåkra??? Er selbst war nie in Uppsala. In Uppsala wurden nie Reste eines solch großen Gebäudes gefunden. Und Uppåkra lag in der Wikingerzeit vermutlich auch so nah an der Küste, dass man den Tempel schon vom Weiten sehen konnte. Das sind aber nur Vermutungen. Vielleicht werden die weiteren Ausgrabungen ja näheren Aufschluß geben

Das kleine Museum in Uppåkra ist auf jeden Fall einen Besuch wert. Die Ausstellungsfunde von Uppåkra kann man im historischen Museum in Lund bewundern.

Uppåkra-Grabhügel

3.5.3 Hyby-Stenen 1 – Runenstein 1 von Hyby – DR264

Von Uppåkra wieder in Richtung Lund und dann kurz vor Lund auf die Straße 108 in Richtung Staffanstorp fahren. Bei Staffanstorp weiter auf der Straße 108 Richtung Svedala. Etwa 2 km hinter Klagerup links abbiegen nach Hyby in den Hyby kyrkoväg. Der Straße folgen. An der nächsten größeren Kreuzung rechts abbiegen nach Vissmarlöv. In Vissmarlöv links abbiegen auf den Kongsmarksvägen Richtung Kongsmarken. Die nächste Straße nach links weiter in die Vismarlövs bygata. An der nächsten Kreuzung links halten. Der Stein steht nur wenige Meter entfernt von der Kreuzung links bei den Häusern.

Dieser Runenstein wurde 1624 in einer Steinmauer südlich des westlichen Hofes in Vissmarlöv gefunden. Die Inschrift enthält vermutlich eine Eigentumsformel und darunter eine interessante Figurenabbildung von einem Hirsch. Er ist ebenfalls geschmückt mit Kreuzen. Der Hirsch und die beiden Kreuze sind christliche Symbole.
Er steht heute im Villenviertel von Vismarlöv in der Nähe der Landstrasse.

Runenstein von Hyby-Seite1

Runenstein von Hyby-Seite2

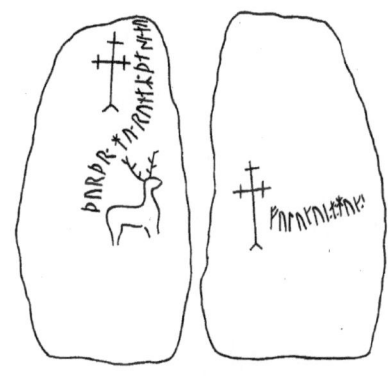

Die Inschrift lautet:
**Seite A-B: þurþr • hu •
runaR • þasi •...r... •???
Seite B-C: fulukui • a • huk
•?...**

Sinngemäß übersetzt bedeutet das:

**Tord haute diese Runen...
Folkvi (oder Fullugi) besitzt(?)
Hög(by?)....**

*DR264-Hyby-Stenen-Grafik
Quelle: Enoksen: Skånska Runstenar*

**Runenstein in der Datenbank FMIS (RAÄ-Nummer):
Hyby 8:1**

3.5.4 Fosie-Stenen – **Runenstein von Fosie – DR262**

Von Vissmarlöv nach **Klågerup** fahren. In Klågerup über **Bara** bis zur Autobahn **E20/E22** fahren. Auf der Autobahn weiter Richtung **Trelleborg**. An der **Abfahrt 13** abfahren in Richtung **Malmö/Fosie**. Nach **ca. 1 km** im **Kreisverkehr** die **dritte Abfahrt** nehmen in den **Agnesfridsväg**. Die nächste **rechts** abbiegen in den **Almlundaväg**. Dem Weg bis zur **Kirche** folgen. Der Stein steht auf dem **Kirchengrund** wenige Meter nordwestlich des Kirchtums.

Als der Stein 1627 untersucht wurde, lag er umgeworfen beim Bauernhaus in Fosie. Heute steht der Stein bei der Kirche im Industriegebiet Fosie in Malmö.

Das Merkwürdige an diesem Stein ist, dass die Rückseite viel glatter ist, als die Vorderseite und somit besser geeigent wäre um die Runeninschrift aufzubringen.

Runenstein von Fosie

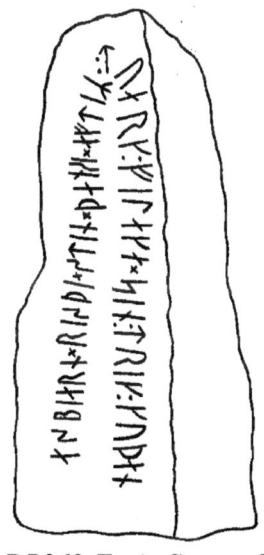

Die Inschrift lautet:
as(b)iarn • risþi [•] stin • þansi • aftiR • tuark • filak • sin • trik • kuþan

Sinngemäß übersetzt bedeutet das:
Asbjörn errichtete diesen Stein nach Dvärg, seinen Kameraden, (ein) guter Kämpfer.

DR262-Fosie-Stenen-Grafik
Quelle: Enoksen: Skånska Runstenar

Runenstein in der Datenbank FMIS (RAÄ-Nummer): Fosie 3:1

3.5.5 Fuglie-Stenen 2 – Runenstein von Fuglie 2 – DR 260

Von Fosie/Malmö wieder auf die Autobahn **E20/E22** Richtung **Trelleborg** fahren. Nach ein paar km von der Autobahn abfahren Richtung Trelleborg. **ACHTUNG, nicht weiter geradeaus nach Kopenhagen fahren. Die Öresundbrücke ist Mautpflichtig!!!** Der Autobahn **E22/E6** folgen bis nach zur Abfahrt **Håslöv**. Dort von der Autobahn abfahren nach **Håslöv**. Von Håslöv weiter nach **Fuglie** fahren. Dort zur **Kirche**. Der Runenstein steht gut sichtbar vor der Kirche.

Ludvig Wimmer entdeckte diesen Runenstein während seiner ersten runologischen Reise durch Skåne im Jahr 1876. Der Stein lag zusammen mit anderen Steinen in Toftegården in Fuglie. Einer lokalen Saga nach stand der Stein ursprünglich auf "Torstens Kulle". Das stimmt sogar mit dem Inhalt der Runeninschrift überein. Heute steht der Runenstein auf dem Platz vor der Kirche.

Runenstein 2 von Fuglie

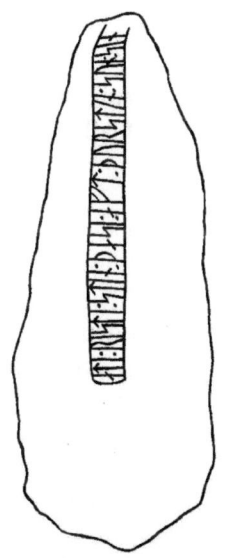

Die Inschrift lautet:
ati • risþi • stin • þasi • aft • þurstin • sun • sin

Sinngemäß übersetzt bedeutet das:
Atte errichtete diesen Stein nach Torsten, seinem Sohn.

DR260-Fuglie-Stenen2-Grafik
Quelle: Enoksen: Skånska Runstenar

Runenstein in der Datenbank FMIS (RAÄ-Nummer): Fuglie 1:1

3.5.6 – Fuglie-Stenen 1 – Runenstein von Fuglie 2 – DR259

Von der Kirche weiter nach **Osten**. Der Runenstein steht auf einem **kleinen Hügel** nur wenige Meter **nördlich der Kirche** von Fuglie auf der **anderen Straßenseite**. Es handelt sich um ein **Privatgrundstück**. Im Zaun ist eine kleine **Holzpforte**. Dort hinauf gehen. Oben auf einem **Grabhügel** steht der verwitterte Stein neben einer Bank.

Der Fuglie-Stein 1 ist einer der wenigen skånischen Runensteine, der noch auf seinem ursprünglichen Platz steht. Und zwar steht er auf einem Grabhügel aus der Bronzezeit nahe der Kirche in Fuglie. Es wurde oft versucht, den Stein auf eine anderen Platz zu stellen. Aber jedes mal wurden diese Personen von Spuk heimgesucht und der Stein wurde sofort zurück auf seinen Platz auf dem Hügel gestellt. So gibt es viele Sagen über diesen Runenstein. Im Jahr 1627 untersuchte man den Stein und bildete ihn ab. Allerdings traute man sich nicht, den Stein nach Kopenhagen zur Untersuchung zu bringen.
Der Fuglie-Stein 1 ist ein christlicher Runenstein und wurde errichtet zum Gedenken an einen Bruder, der auf Gotland gefallen ist.

Runenstein 1 von Fuglie

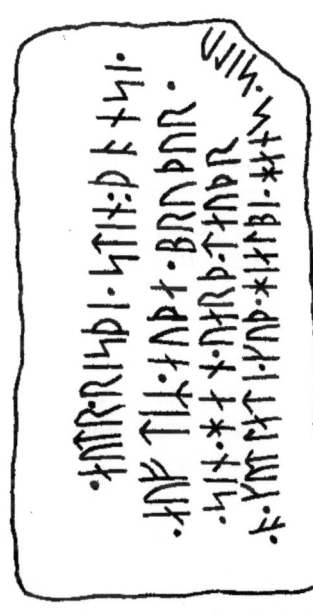

Die Inschrift lautet:
• **autr** • **risþi** • **stin** • **þãnsi** • | •
auftiR • **auþa** • **bruþur** • | • **sin** • **han**
• **uarþ** • **tauþr** • | • **ã** • **kutlati** • **kuþ**
• **hialbi** • **ha(n)s** • **silu**

Sinngemäß übersetzt bedeutet das:
**Önd errichtete diesen Stein nach
Öde, seinem Bruder, er starb in
Gotland. Gott helfe seiner Seele.**

DR259-Fuglie-Stenen1-Grafik
Quelle: Enoksen: Skånska Runstenar

**Runenstein in der Datenbank FMIS (RAÄ-Nummer):
Fuglie 2:2**

3.5.7 – Foteviken Vikingareservat -Freilichtmuseum

Von Fuglie wieder zurück nach **Håslöv**. Dort über die **E20/E6** fahren über **Räng** nach **Kämpinge**. In Kämpinge **rechts** weiter nach **Höllviken**. Durch den Ort fahren bis zum **großen Kreisverkehr**, der die Straße 100 Skanör-Malmö kreuzt. Im Kreisverkehr die **zweite Abfahrt** nehmen Richtung **Reitstall**. Das Wikingermuseum ist als "Vikangareservat" ausgeschildert. Kurz vor den Reitställen links abbiegen und bis zum Parkplatz fahren.

Das Wikingermuseum FOTEVIKEN ist ein Open Air Museum für "Living History". Hier findet man eine komplette Stadt der späten Eisenzeit. Beim Bau wurden nur Materialen, Werkzeuge und Techniken aus dieser Zeit verwendet. Es wird ein hoher Wert auf die authentische Belebung der Stadt durch Angestellte und Ehrenamtliche. Gelegen ist Foteviken direkt am Öresund nahe der Halbinsel Sanör/Falsterbo.

Wikingermuseum Foteviken

Man kann hier eintauchen in die Welt der Wikinger. Es gibt 20 historische Gebäude, welche in einem Wall angeordnet sind. Es gibt eine Fischerhütte, ein Norwegerhaus, eine Schmiede, das Königshaus, eine Bäckerei, eine Münzerei, mehrere Handwerkerhäuser und natürlich das Thinghaus, welches für Versammlungen und Feste dient.

Natürlich finden sich auch Gärten mit Pflanzen aus der Wikingerzeit und ein Wachturm.

Wikingermuseum Foteviken

Ausserhalb des Schutzwalls befinden sich weitere Häuser und der heilige Hain für die alten Götter. So kann man dort Figuren der Götter Odin, Thor, Frey, Freya, Njörd und weiteren Göttern finden. Unweit des Eingangs befindet sich ein "moderner" Runenstein.

Im modernen Eingangsgebäude befindet sich ein kleiner Museumsshop und eine Ausstellung zur Geschichte der Umgebung von Foteviken und der Wikingerzeit.

Wikingermuseum Foteviken

Die Umgebung von Höllviken befinden sich mehrere archäologische Fundstellen, viele davon aus der Wikingerzeit. Die Bucht von Höllviken war zum Ende der Wikingerzeit ein wichtiger Handelsmittelpunkt. Sie war geschützt gelegen und trotzdem strategisch wertvoll am Öresund nahe Kopenhagen und Roskilde. Man konnte die Handelswege nach Westen und nach Osten direkt erreichen und war so ein idealer Warenumschlagplatz. Und genau das soll das Museum vermitteln. Ein Handelsplatz aus der späten Wikingerzeit.

Der Schwerpunkt liegt dabei auf "Living History". Im Gegensatz zu normalen Museen soll hier gelebte Geschichte vermittelt werden. Das Museum ist in der Saison belebt. Es gibt Darsteller, die durch die Stadt führen, Handwerk vorführen und zum mitmachen animieren.

Wikingermuseum Foteviken

Auch verfügt das Museum über ein eigenes Wikingerschiff.

Wikingermuseum Foteviken

Wikingermuseum Foteviken

Wikingermuseum Foteviken

Ein Besuch lohnt sich definitiv. Es gibt sehr viel zu bewundern und zu erleben. Gerade auch für Kinder ein unvergleichliches Erlebnis!

Einmal im Jahr, am letzten Wochenende im Juni, veranstaltet das Museum die "Vikingadagar", einen sehr schönen und großen Wikingermarkt mit vielen Händlern, Handwerkern, Kämpfern und vielem mehr. Ich selbst nehme seit Jahren immer wieder daran Teil. Eine unbedingte Empfehlung!

Wikingermuseum Foteviken

Die Öffnungszeiten sind:
05. bis 29. Mai: Dienstag bis Freitag von 10.00 -16.00 Uhr
01. bis 18. Juni: Montag bis Freitag von 10.00 - 16.00 Uhr
21. Juni bis 31. August: Montag bis Sonntag von 10.00 - 16.00 Uhr
01. bis 11. September: Montag bis Freitag von 10.00 - 16.00 Uhr

Eintritt:
Erwachsene: 90 SEK
Kinder von 6 - 15 Jahren: 30 SEK
Familie 2 Erwachsene + Kinder: 220 SEK
Rentner: 70 SEK
(Angaben ohne Gewähr)

3.5.8 – Gräberfeld am Alsbäcksån bei Trelleborg

Von Foteviken aus wieder in Richtung **Trelleborg** fahren. Im grossen Kreisverkehr die **zweite Abfahrt** nach Trelleborg nehmen. Durch den Ort **Höllviken** immer geradeaus die **Hauptstrasse** entlang. Der **Küstenstrasse** folgen durch **Skåre** bis zur Kreuzung zur **E20/E6**. Das Gräberfeld liegt **rechts** neben der Strasse direkt an der Kreuzung Richtung Trelleborg.

An der Mündung des Albäcksån in die Ostsee liegt das größte erhaltene Hügelgräberfeld von Skåne. Insgesamt umfasst es circa 45 Hügelgräber aus der Eisenzeit. Die Grabstätte wurde circa von 100 bis 1000 nach Christus verwendet.

Gräberfeld Alsbäcksån

Die meisten der Gräber beinhalten Brandgräber. Die Asche der Toten wurden in Keramikgefässen oder Holzkisten bestattet. Den Toten wurden Geschenke für das Leben nach dem Tot mit ins Grab gelegt.

Gräberfeld Alsbäcksån

Über die Bestattungen wurden verschiedene Arten von Markierungen gebaut. So zum Beipiel Hügel oder Steinkreise. Über die Zeremonien für die Beerdigungen kann man nur mutmaßen.

Gräberfeld Alsbäcksån

149

In der direkten Nachbarschaft des Gräberfeldes vermutet man eine größere Siedlung, bestehend aus mehreren Bauernhöfen oder einem Dorf mit 4-5 Farmen.

Während archäoligischen Untersuchungen fand man unter anderem eine Haarspange, einen Eisenhaken, Glasperlen, ein Spinnrad und Tonscherben.

In einem der Grabhügel fand man sogar Teile eines Bootes. Somit gab es sogar mindestens ein Bootsgrab. Dies zeigt vom hohen Stellenwert dieses Grabes bzw. auch Gräberfeldes.

4 Reiseroute

Nr.	Ort	Objekt
1	Trelleborg (Skåne)	Wikingerburg & Museum
2	Jordberga (Skåne)	Runenstein DR269
3	Tullstorp (Skåne)	Runenstein DR271
4	Östra Vemmenhög (Skåne)	Runenstein DR268
5	Västra Nöbbelöv (Skåne)	Runenstein DR278
6	Sjörup (Skåne)	Runenstein DR279
7	Törsjö Gård (Skåne)	Runenstein DR275
8	Örsjö (Skåne)	Runenstein DR276
9	Rydsgård (Skåne)	Runenstein DR277
10	Skårby (Skåne)	Runenstein DR281
11	Bjäresjö (Skåne)	Runenstein DR287 & DR289
12	Krageholms Slott (Skåne)	Runenstein DR290 & DR291
13	Baldringe (Skåne)	Runenstein DR294
14	Stora Köpinge (Skåne)	Runenstein DR339
15	Glemmingebro (Skåne)	Runenstein DR338
16	Kåseberga (Skåne)	Schiffsetzung/Kultplatz
17	Östra Herrestad (Skåne)	Runenstein DR343
18	Simris (Skåne)	Runensteine DR344 & DR345
19	Sölvesborg (Blekinge)	Runensteine DR356 & DR357
20	Björketorp (Blekinge)	Runenstein DR360, Bautasteine & Gräberfeld

21	Hjortsberga (Blekinge)	Gräberfeld, Schiffssetzungen, Bautasteine
22	Hjortahammer (Blekinge)	Gräberfeld, Schiffssetzungen, Bautasteine
23	Insel Senoren (Blekinge)	Wikingerdorf, Freilichtmuseum
24	Näsum (Skåne)	Tingplatz, Gräberfeld, Kultplatz
25	Norra Åsum (Skåne)	Runenstein DR347
26	Västra Strö (Skåne)	Runensteine DR334 & DR 335, Grabhügel, Bautasteine
27	Furunäs (Skåne)	Runenstein DR321
28	Löddeköpinge (Skåne)	Wikingercenter/Freilichtmuseum
29	Stora Harrie (Skåne)	Runenstein DR324
30	Flyinge (Skåne)	Runenstein DR329
31	Holmby (Skåne)	Runenstein DR328
32	Torna-Hällestad (Skåne)	Runensteine DR295 & DR296 & DR297
33	Historisches Museum Lund (Skåne)	Runenstein DR258, Historische Ausstellung
34	Kulturen Museum in Lund (Skåne)	Runensteine DR280, DR282, DR283, DR284, DR288, DR289, DR315 (Kopie) & DR325
35	Runensteinhügel in Lund (Skåne)	Runensteine DR270, DR316, DR317, DR330, DR331 & DR337
36	Universitäts-Bibliothek in Lund (Skåne)	Runenstein DR314
37	Hjärup (Skåne)	Runenstein DR266

38	Uppåkra (Skåne)	Gräberfeld, Kultplatz, Siedlung, Museum
39	Vissmarlöv (Skåne)	Runenstein DR264
40	Fosie (Skåne)	Runenstein DR262
41	Fuglie (Skåne)	Runensteine DR260 & DR259
42	Höllviken (Skåne)	Wikingerdorf/Freilichtmuseum
43	Trelleborg (Skåne)	Gräberfeld

5 Literaturverzeichnis

Bæksted, Anders: Runerne, deres historie og brug, Kopenhagen, 1943

Brate, Erik: Sveriges runinskrifter, 2.Auflage, Stockholm, 1928

Brate, Erik; Bugge, Sophus: Runverser, Stockholm, 1887-1891

Bruzelius, N. G.: Antiquarisk beskrifning öfver Bjeresjö eller Bergsjö socken, Lund, 1869

Bruzelius, N. G.: Runstenshögen i Lund, Lund, 1871

Cinthio, Maria: Envägledning till Runor i Lund, Lund, 1996

Enoksen, Lars Magnar: Skånska runstenar, Lund, 1999

Enoksen, Lars Magnar: Lilla Runboken, Malmö, 1995

Enoksen, Lars Magnar: Runor - Historia. Tydning. Tolkning. Lund, 1998

Friesen, Otto: Runorna i Sverige, en kortfattad översikt, 3. Aufl., Uppsala, 1928

Fritz, Heiko; Feick, Joachim: Midgard-Auf den Spuren der Wikinger-Band 1, Norderstedt, 2008

Jacobsen, Bengt; Arén, Eje; Arén, Eva; Blom, K Arne: Trelleborgen, Lund, 1995

Jacobsen, Lis: De danske Runemindesmærker, Kopenhagen, 1914

Jacobsen, Lis; Moltke, Erik: Danmarks runeindskrifter, Kopenhagen, 1941-42

Jacobsen, Lis; Moltke, Erik; Bæksted, Anders; Nielsen, Erik: Danmarks runeindskrifter I-II, Kopenhagen, 1941-1942

Jansson, Sven B.F.: Runinskrifter i Sverige, Stockholm, 1963

Jansson, Sven B.F.: Runes in Sweden, Stockholm, 1987

Johannesson, Göra: Lunds universitets historia II, Lund, 1982

Moltke, Erik: Runerna i Danmark og deras oprindelse, Kopenhagen, 1976

Moltke, Erik: Runes and their origin, Denmark and Elsewhere, Kopenhagen, 1985

Nielsen, Niels Åge: Danske Runeindskrifter, Kopenhagen, 1983

Ohlmarks, Åke: 100 Svenska Runinskrifter, 1978

Olsen, Magnus: De skånske og bornholmske Runestene, Kopenhagen, 1906

Rosborn, Sven: Den skånska historien Vikingarna, Lund, 2004

Snædal, Thorgunn: Han flydde inte vid Uppsala... - Slaget på Fyrisvallarna och några skånska runstenar, Ale, 1985

Svenson, Örjan: Blekinges äldsta kända runinskrifter, Karlskrona, 1998

Svenson, Örjan: De Blekingska Runornas Hemligheter, Karlskrona, 2001

Internetverweise:

https://www.schleugerhard.com - Informationen zu Runeninschriften weltweit

http://www.fmis.raa.se/cocoon/fornsok/search.html - Datenbank des schwedischen Amtes für Denkmalpflege